走进广州好教育丛书·好教师系列

ZOUJIN GUANGZHOU HAOJIAOYU CONGSHU
HAOJIAOSHI XILIE

贾国富 ◇ 著

钟情教育漫耕耘，执着守望树新人

贾国富 **的** 四十载教育情怀之路

北京师范大学出版集团
BEIJING NORMAL UNIVERSITY PUBLISHING GROUP
北京师范大学出版社

图书在版编目(CIP)数据

钟情教育漫耕耘，执着守望树新人：贾国富的四十载教育情怀之路/贾国富著. —北京：北京师范大学出版社，2021.1
（走进广州好教育丛书．好教师系列）
ISBN 978-7-303-25634-1

Ⅰ.①钟… Ⅱ.①贾… Ⅲ.①中学教育－教育研究 Ⅳ.①G632.0

中国版本图书馆 CIP 数据核字(2020)第 004113 号

营　销　中　心　电　话　010-58802135　010-58802786
北师大出版社教师教育分社微信公众号　京师教师教育

出版发行：北京师范大学出版社　www.bnup.com
　　　　　北京市西城区新街口外大街 12-3 号
　　　　　邮政编码：100088
印　　刷：天津旭非印刷有限公司
经　　销：全国新华书店
开　　本：787 mm×1092 mm　1/16
印　　张：14.25
字　　数：202 千字
版　　次：2021 年 1 月第 1 版
印　　次：2021 年 1 月第 1 次印刷
定　　价：46.00 元

策划编辑：郭　翔　　　　　　责任编辑：马力敏　李　迅
美术编辑：李向昕　　　　　　装帧设计：李向昕
责任校对：康　悦　　　　　　责任印制：马　洁

　　《国家中长期教育改革和发展规划纲要（2010—2020 年）》提出："办好每一所学校，教好每一个学生。"几年来，各地涌现出了一批好学校、好校长、好教师。总结和推广他们的经验，是推动我国教育改革和发展，提高教育质量，促进教育现代化的强大动力。广州市是我国改革开放的前沿，不仅有着深厚的文化积淀，而且在改革开放中敢为天下先，在教育领域积累了许多新经验。广州市教育局在《广州市教育事业发展第十二个五年规划》文件"办好让人民满意的教育"的要求下，决定组织编写"走进广州好教育丛书"，实在是适逢其时。这是对广州市多年来教育改革创新的一次总结，也是对广州市今后教育改革的一次推动。

　　根据编委会的设计方案，丛书拟从广州市 1000 多所中小学校、10多万名教师中选出 10 所"好学校"、10 名"好校长"、10 名"好教师"列入首批出版计划。他们有的是已有 100 多年建校历史，积淀了深厚文化内涵，至今仍然在不断创新中继续勃发着育人风采的老学校；有的是办学时间不长，但在全校教职工磨砺创业、共同耕耘下办出水平的新学校。他们有的是办学理念先进、充满活力、管理经验丰富的好校长；有的是师德高尚、业务精湛、热爱学生的好教师。总之，他们热爱教育事业、热爱每一个学生，创造了卓越的成绩，是好学校、好校长、好教师队伍中的典范。

当前，我国教育正处在由数量发展转向质量提高的转折点上。到 2020 年，我国要基本实现教育现代化。教育现代化的实质就是要培养现代化的人。教育要回到原点，立德树人，培养具有为国家、为人民服务的责任心，具有创新精神和实践能力，并且具有国际视野和国际交往能力的人才。教育大计，教师为本。我们的校长和教师要立足中国，放眼世界，转变教育观念，改变人才培养方式，促进教育现代化的进程。

我希望广州市在编写"走进广州好教育丛书"的过程中继续挖掘先进人物和新鲜经验，率先实现教育现代化。

2016 年 7 月

　　2014 年的教师节前夕，我写了一篇《广州教育赋》，后来这篇文章在《中国教育报》上刊登了。在这篇赋中我有这么几句话："大信不约，好校长何止十百；大爱无疆，好老师何止百千；大成不反，好学生何止千万；大道不违，好学校就在此间。"中心意思是说，广州好教育是由十百千万的好校长、好教师、好学生和好学校共同铸成的。正是有着他们的大信大爱和大成大道，广州作为国家重要中心城市之一，在教育，尤其是基础教育方面，才能卓有建树，我们也才有可能推出一套"走进广州好教育丛书"。

　　在这篇序言中我想表达三个朴实的想法。

　　第一个朴实的想法是，一座城市的教育发展单靠一两所名校，几位名师、名校长是支撑不起来的。能够为这座城市源源不绝地提供人才智力资源的应该是有那么一大群校长、一大批教师和一大拨学校。他们形成一个个各具怀抱的优秀群落，为这座城市辈代不绝地做着贡献，那我们就要为这一个个优秀群落树碑立传。对于广州这样有着将近 1500 所中小学的特大型城市而言，我们特别有理由这样做。正是有着他们的大信不约（《礼记·学记》）——真正的信义不需要盟约，他们才会在每一所学校不断坚守；正是有着他们的大爱无疆——博大的仁爱无边无际，他们才会为每一个学生殚精竭虑；正是有着他们的大道不违（原为"大道无违"，《晋书·嵇康传》）——不违背教育的使命与历史发展的规律，他们才会为每一个进步中的时代进行着生动的背书。有了他们，才会有一座城市的教育；有了他们，才会有一座城市的发展。有人要问，这套"走进广州好教育丛书"出齐会有多少册？老实说，我也不能确定。这第一批推出的 30 册只是一个开始，但我相信，只要这座城市在发展，属于这座城市的教育大赋就一定不会有画上句号的时候，它一定会以这样或那样的形式展现出来。

第二个朴实的想法是，对于基层教育工作者来说，我们真正需要掌握的教育规律和教育法宝就那么几条，如果我们钻进教育思潮的各种主义与模式的迷宫中不得而出，那就容易忘记教育最基本的追求。几年前，广州一个区的教育论坛请来了顾明远先生，顾先生在论坛上说："没有爱就没有教育，没有兴趣就没有学习。"我们深以为然。教育理论当然有很多，都值得我们认真学习，其他不讲，仅"因材施教"和"有教无类"两条，在我们的教育实践中是否做到了？我相信，如果我们做到了，那我们就有可能进入好教师、好校长、好学校的序列。所以，在这套丛书中，我们特别看重的是重返教育现场，讲好教育故事，今往兼顾，名特相谐。丛书所列既有杏坛前辈，也有讲台新秀；既有百年老校，也有后起名品；各好其好，好好共生。早在 100 多年前，广州教育就已经在现代化进程中开风气之先。比如说鼎鼎有名的万木草堂，20世纪 20 年代开辟新学堂；再比如说最早在广州推行开来的六三学制。在当下的教育大格局中，广州教育自然也不能落后，要有广州的好教育。

第三个朴实的想法是，好教育需要有一个好的教育生态。习近平总书记说："我们的人民热爱生活，期盼有更好的教育。"我们要努力办好让人民满意的教育，那这个教育上的"好"应该体现在哪些方面？除了上面提到的好学生、好教师、好校长、好学校之外，好的教育生态应该是一个必不可少的要素，这其中的一个重要标志就是能够形成尽可能多的教育共识。我们组织编写这套"走进广州好教育丛书"，一个目的就是通过展示我们的教育实践来推动形成更多的教育共识：原来在我们这座城市，在我们身边，就有这些好的教育，值得我们称赞，值得我们珍惜。我们的教育要全面上水平、走前列，这行进过程中积累起来的好教育基础就是我们不断奋力前行的保证。

最后，作为这套丛书的策划者，我要特别感谢北京师范大学出版社，我仍记得三年前，时任北京师范大学副校长的杨耕同志领着北京师范大学出版社的朋友们和我们讨论这套丛书编写出版规划时的热烈情景；另外，我要特别代表广州市教育局感谢顾明远先生为本套丛书作序；还要感谢总主编吴颖民先生以及华南师范大学、广东第二师范学院、广州大学的分册编委的专家团队，正是有他们的认真组织和每一位分册作者的孜孜以求，这套丛书才得以和各位读者见面。

2016 年 7 月

守 望

站讲台，
是我儿时编织的梦想。
做好教师，
是我南北求索的期望。
钟情教育，
执着守望。

不忘初心，
守住梦想。
耐住寂寞，
守住期望。
甘愿清贫，
守住书香。
守得云开雾散春暖花开，
守到万紫千红地老天荒。

贾国富
2017 年 2 月 18 日于广州市第八十六中学

目录

MULU

第一章

此路漫漫成追忆

恩师风范书丹心，
三尺讲台铸师魂。
四十春夏常守望，
儿时梦想终成真。

　　岁月匆匆，寒暑易节，蓦然回首，已经走过近四十年的从教历程。我的成长历程，倾注着父母含辛茹苦的养育和老师的谆谆教诲之情，沐浴着党和人民的培养之恩。我在校读书十四年，职后参加培训研修三次，钟情教育，在一线教学守望四十年，梦想成真。回首人生，眼里沧桑，额上皱纹，头顶白发，饱含一个个鲜活、生动的教育故事。她是一个普通教师坚守讲台的史书，是钟爱教育的见证。

一、贾家男儿渐长成

（一）我的启蒙老师

回想起来，我的父亲应该算是我的启蒙老师。

我出生在鄂西北的小集镇上一个普通的家庭。这个集镇过去称王家新街，后来叫新街公社、新街管理区、新街片，再后来又改为法龙乡，最后归属欧庙镇。父亲是新街卫生所的医生，也是该卫生所的第一任所长。家里人口多，兄弟姐妹七人，我排行第五，男孩排在第二。我们家是城镇户口，没有农副业产品，生活必需品都需要购买。老式的街道中间铺着一条条的青石板，两边铺着鹅卵石。父亲为了教育我们从小勤俭节约，经常说，"青石板上不长东西"。街道只有八家是城镇户口，其他家都是农业户口，街东头的是生产一队，西头的是生产二队。

父亲名叫贾光义，曾是"江湖郎中"，1949 年成为乡卫生所的医生兼所长。父亲的祖籍是河南省唐河县，祖辈以耕作农作物为生计。他从小只读过三年麦黄学（春节后开课，麦黄收割时散学。农民家贫，只想让孩子识几个字，上麦黄学既省钱，又可读书务农两不误）。老家唐河县东王集乡前贾庄，土地贫瘠，难以糊口。父亲年轻时自己钻研中草药，给人治病。后来一条扁担挑着所有的家当，父亲孤身从河南闯荡到湖北，在襄阳王家新街落户。我记得父亲传下来的这条扁担，大概有八尺多长，两头尖中间宽，结实，外边有一层黑釉。挑一两百斤货物没有任何问题，但没有一般的小扁担的韧性好。1968 年，为了干农活方便，就把那个大扁担两头截去了一截儿。

我从小就崇拜父亲，他上知天文下知地理。父亲稍闲在家吃饭时，在饭桌上都要讲历史上孝道、励志和机智的故事。缇萦救父、晏子使楚、七步诗、孟母三迁、桃园结义、三顾茅庐、将相和、甘罗拜相、讳疾忌医等故事，最初都是从父亲那里听来的，至今记忆犹新。"昔时贤文，海汝谆谆。集韵增广，多见多闻""读书需用意，一字值千金""养不教，父之过；教不严，师之惰"。《增广贤文》《三字经》《弟子规》等书中的警句，父亲亲口相述，一些做人的道理，在我儿时已经留下了深深的烙印。父亲钻研精神很强，他自学了许多医书，我记得他有几本很厚的《中华本草》《神农本草经》《针灸大成》等医书，以后他又自学西医。他对于中西医结合医疗颇有研究，在退休前，他已经成为法龙卫生院主任医师，有正规职称证书。

父亲对我们要求严格，家法严厉。小时候，大哥经常因为不听话挨罚。记得有一次大哥在外惹事了，吓得晚上不敢回家，家里人和街坊找到半夜，才在一个柴堆里找到他。我虽说顽皮，但怕挨打，不惹父母生气，很少受责罚。二姐和三姐都继承父业，成为医生。父亲常说我是个文生子，又说"秀才改医生，三天两早晨"。其实，父亲很希望我也学医。后来我选择了做教师，父亲也还是同意了。他说，做教师挺好。

生我者慈母，启蒙者严父。父亲虽早已仙逝，但他老人家坚忍不拔的吃苦精神和良好的人文素养等，在子女心中留下深深的烙印，且永不褪色。

教育感悟：父母是孩子的启蒙老师，家庭氛围、父母的品德行为，对孩子的健康成长至关重要。

(二)我的母亲

我的母亲是我最敬仰的人！她不仅生育了我，而且还教给了我许多做人的道理，给了我人生的启迪。我的母亲名叫陈立芝，一生勤劳，性情善良，生了七个孩子，三个男孩，四个女孩。

那时候家里家大口阔，靠父亲的微薄固定工资养家是不行的，母亲凭裁缝手艺补贴家用。我记得，年事已高的奶奶可以帮助做饭，管教孩子和家里的其他家务都靠母亲，母亲总是默默无闻地承担这一切。为了增加收入，母亲也尽量多接一些缝衣的活儿，偶尔也帮熟人产妇接生，经常熬夜。每年到了年关，定做衣服的人很多，母亲的双眼都熬得通红，大年初要修养十多天才好些。

记忆犹新的一件事是，我四岁那年腰际长了蛇胆疮（即带状疱疹）并逐渐蔓延，高烧不退，病床边放着我平时想吃却吃不到的油条，当时我却吃不进去。据大人说，蛇胆疮长满整圈腰际时会危及性命。父亲当时在遥远的石门工地做医生，母亲求人连夜赶往石门工地把父亲叫回来。父亲用他特制的膏药才治好了我的病。

由于家里是城镇户口，供应的口粮和生活必需品全靠购买，生活十分艰难。出于无奈，家里只得把不满三岁的三姐国凤过继给街西头开茶馆的曹大奶奶做孙女。但母亲经常惦记着三妮子，"这一大家子人，就多了三妮子一个吗？"在母亲的坚持下，两年后又把三姐要回了家，全家得以团圆。

母亲没有上过学，只认识自己的名字，但她的记性很好，从父亲那里听来的"增广贤文"，都是用来说服教育我们的良言。例如，"读书须用意，一字值千金""一寸光阴一寸金，寸金难买寸光阴""君子爱财取之有道"等。

母亲善良和蔼，疼爱孩子甚于自己的生命。母亲很少打孩子，遇到父亲对孩子们发脾气，都是母亲出来劝阻。曾记得我小时候，有一次在街东头金元岗打人家树上的枣子，不小心砖头落下砸在王家小姑娘的头上，我吓得不敢回家。母亲听说后，赶紧给人家医治，连连给人道歉。晚上，父亲不在家，母亲没有打我，而是语重心长地教导我不要惹是生非，犯了错误要敢于担当。

母亲与人为善，与邻里和睦相处，宽容大度。她常教育我们说："远水难救近火，远亲不如近邻。"在集体缝纫社里，听说负责人时常把一些零星耗时的活路分给她，但她从不与人家争吵。她说："饶人非痴汉，能饶人处且饶人。"

记得，我们家住在王家新街街道时，门口经常有乞丐乞讨。只要母亲在家，都不会让乞丐空手而归。有人提醒说，乞丐大都是懒汉，母亲

5

微微一笑："我也只是举手之劳而已，对穷人来说也许是救命的甘露。"

　　母亲像春风似夜雨，抚育幼苗生长，把善良真诚的种子播撒在子女的心间，把坚强宽容的美好品质印在我的脑海里。在母亲的善良熏陶和父亲的严厉教育下，我们兄弟姐妹七人都顺利长大成人，各自撑起一片天。大姐国英耿直、善良，招工在武汉石油化工厂上班，直至退休；二姐国兰热情、实在，当过赤脚医生，后来从法龙卫生院退休；大哥国强聪明、勤劳，在襄阳建筑队工作，任监理，虽然上学不多，但对预算报价都很在行；三姐国凤机灵、正直，妇科医师，事业有成，时常为患者着想，从不愿让病人花冤枉钱；三弟国友厚道、本分，转业军人后成为一名汽车司机，一直在国有企业青山机械厂服务；四妹国红睿智、诚信，脚踏实地，从白手起家成为商界精英，重视企业文化，凸显人文关怀。

　　父母是孩子们的表率，在大人的影响下，家庭成员之间和睦相处，哥哥、姐姐对弟弟、妹妹都关照有加。我记得，我与三姐同时初中毕业，一家的姐弟两人只能一人上高中，虽然三姐的学习成绩也比较好，但是她坚持让我去上了高中。我在欧庙读高中时，大姐省吃俭用，每月从武汉给我寄5元生活费。我在上师范学校时，每周末都是在大哥公司度过的。我在参加工作后，相好了意中的对象，二姐就把仅有的一块125元的上海手表给了我，让我送给我的女朋友。这些都永远成为美好的记忆，即

图1.1　我的母亲（一排中）

使父母早已仙逝，我们兄弟姐妹也早已成家立业，但是亲人之间互相关心、帮助，其乐融融，幸福美满。这些都是父母留给子女的福祉，也是社会和谐的基础。

有一件事，却使我遗憾终身。那是 2000 年年初，母亲听说我搬进了新居，她十分高兴，带信来说要来看我们的新房子。恰巧学校安排我和部分老师到黄冈中学参观学习，我只得回复请她老人家下周再来。不料，她老人家突发脑出血，三姐及时把母亲送到市第一医院，但母亲一直昏迷。我回来后，听说母亲病危，万分悲痛，很担心她老人家自此长眠，不孝的儿子不能成全她"看看儿子的新居"这个微小的愿望！我连续一周每晚守候在母亲的病榻前。但回天无术，母亲走得匆忙，享年 81 岁，儿子没有尽到孝道，留下终身遗憾。即使我经常安慰自己，子女事业为重，努力向上就是对父母最大的孝心，但是我的心里一直感到愧疚。

感激父母给了我生命，他们的养育之恩比山高似海深，他们的善良、正直永伴我心灵修行，他们的热情激励鼓舞我远行。因为有了太阳，大地万物自由生长；因为有了月亮，夜晚不再暗淡无光。人世间最珍贵的东西莫过于父母的恩情！如果可以重来，我一定要做到：忠孝两全，不留遗憾！

教育感悟：有一种爱不求回报，有一种爱大公无私，有一种爱奉献到老，有一种爱无怨无悔，这就是伟大的母爱。师爱也是如此。

(三)长大后我就成了您

我开始上学时间比较早。因为我小时候比较顽皮，在街上经常惹事，也算是出了名的淘气。母亲为了省心，我不足六岁就被送到街西头王家祠堂上小学。因为那时个头不小，母亲给说了一些好话，老师便答应让我试读，这样我就开始上学了。

小学二年级时，因为与同学有矛盾，班主任张老师严厉批评了我，但不是我的主要责任，就委屈地哭了。这一幕被王家强老师看见了，就叫我过去。因为我家住在新街街上，父亲在新街卫生所工作，王老师和我们家里人都认识。他和蔼地询问我事情原委，安慰了一通，我顿时舒畅多了，感觉王老师比自己父母还亲切，对班主任张老师也没有怨言了。当时，我就冒出个想法，长大了如果能当老师，我就做王老师这样的好老师：善解人意，和蔼可亲，使学生心悦诚服。我以后有什么委屈或成绩，便主动地找王老师谈谈。虽然王老师一直没有在课堂上教过我，但我认为他是我的老师，是我的人生的导师。我在读师范学校时，每次回家，还绕道去王老师所在的千弓中学看望他，向他汇报我的学习情况。有缘的是，我正式成为教师在襄阳师范学校任教时，王家强老师也调到襄阳师范学校任教。他原来称呼我"国富"，从那以后他却叫我"国富老师"，意思是国富也是一名老师了，我们还是同事。"长大后我就成了您"！我是从心底里尊称他为"王老师"，他是我真正意义上的人生成长的导师。重要的是，他教会了我做怎样的老师，我一直以他为楷模，努力学做一个学生人生成长的导师。

敬爱的王家强老师，岁月流逝，沧海桑田，但您的音容笑貌时常在我的脑中回旋。您循循善诱，爱生如子，热爱教育的优秀品质一直影响着我。不管是做普通的教师，还是当班主任，或者是年级主任等，我都是把育人放在首位。

那年夏天，我与另外两位老师一起到泥嘴走访学生，作为向导的2000届文科班一个叫兰英的同学对我说："贾老师，我听说过您，您对学生很好。"我笑着说，"我没有教过你，你怎么了解我呢?"她说是从同学们相互谈论中知道的。这件事对我感触很深：学生对老师的评价不仅仅在教学上，也不局限于亲自教过他的老师；学生、家长和社会都在关注教育，教师是教育对外形象的窗口。我在学生中有如此良好的口碑，主要是受到王老师的影响。

敬爱的王家强老师，学生向您郑重汇报：昔日的国富，没有辜负您的期望，我一直坚守讲台；我一直以您为榜样，努力做一个受学生爱戴的好教师；我获得的大大小小的优秀教师、模范教师的奖状，就是献给您的特殊礼物。

教育感悟：教师人格的力量对学生的影响是"任何教科书、任何道德箴言、任何惩罚和奖励制度都不能代替的一种教育力量"。

（四）入团的风波

我们家住在新街街道，学校老师们与我的父母都熟悉，他们都待我很好。如在小学的张士英、邹德富、姚帮元、王家强、王崇元等老师，初中的周文海、马建华、张崇波、肖全坤等老师，高中的欧阳铁加、陈举章、付耀明、王心元等老师，在师范学校时的梁憼明、武翠军、任凭、王维国等老师，在我的一生中留下了深刻美好的印象。

在学生时代，对我成长影响较大的另一位老师是马建华老师，他是一位民办教师，是我初中的语文老师兼班主任，家住新街街道，属于新街一队。马老师虽说是民办教师，但他的教学能力很强，语文教得特别好。尤其是作文，无论是记叙文，还是议论文。马老师经常把我的作文当范文在本班和其他班讲解，有时还给其他年级、其他语文教师当教学范文。马老师在班上从不发脾气，课堂上讲课抑扬顿挫、声音洪亮，但找学生谈话却轻言细语，循循善诱，像春风，像细雨。马老师家里劳力少，每到农忙抢收时节，马老师就要回家收割，语文课就由其他老师代课。这段时间班上同学就天天屈指数天数，盼望马老师早点回校上课。

马老师喜欢把我的名字写成"贾国福"。他说过，"国福"更有意义，读好书后将来可以造福人类，祈福心灵。我从高小读书已经知道努力学习了，高小毕业时数学考了全乡唯一的满分 100 分，语文 93 分屈居第二名。在初中，我的学习成绩和表现一直都是比较优秀的，虽然学校的老师们都对我很好，但我始终担心入不了团。马老师似乎看透我的思想，他经常找我谈心，让我放下思想包袱。他让我尽早写入团申请书，相信组织。那时入团一般需要年满 15 岁。1973 年 5 月 4 日，"五四"青年节，我光荣加入了共青团组织！我永远记得那个对我人生具有重大意义的历史转折点！那年学制是春季入学改为秋季入学，也是我初中两年半期满毕业前夕。其实那时我的年龄还不足 15 岁，因为我表现优异才提前入团了。马老师不仅对学生思想工作细致入微，而且一视同仁，平等待人。

马老师是我的恩师，是我的成长导师，是我成长道路上的"贵人"。虽然大人们之间有恩恩怨怨，但那好像离孩子们很遥远，我的童年依然很幸福美好，从懂事时就对未来充满了希望。我的语文方面的知识，主要是在初中读书时打下的基础，马老师孜孜不倦的教诲，奠定了我的语文基础。

教育感悟：老师是棵大树，不仅授业解惑，也为学生遮风挡雨；学校是避风港，使学生免受社会浊浪的冲击。

（五）大队书记的提拔

1968 年，由于住房问题，后来又转回新街街道附近新街大队第一生产队。按当时家里的条件，我们兄弟姐妹没有被推荐上大学或参军，没有入党、入团等机会。大队书记彭德山，德高望重，为人正直，令村民敬仰。家里到新街大队，彭书记一直很关照我们家。

1975 年，我高中毕业回乡，正好乡武装部部长李金常也是河南老乡，我父亲极力让我去参军，因为只要我参军了，全家光荣。李部长也赞成我参军。新街大队参军体检只有我和另一个青年合格，但征兵名额只有一个，在政审时我被刷下了。

我参军没能如愿，父亲就让我学医。父亲认为我读书行，学医会很快，他给我找来几本医学书，《针灸大成》《临床诊断学》等书籍，让我自学。五脏六腑与十二经络，我也似懂非懂地看了不少。母亲说要教我学裁缝，"艺多不压身"。我白天在生产队，晚上油灯下看医学书或跟母亲学裁衣。

对于学医、学裁缝，我没有多大兴趣，只是寻找一个"饭碗"而已。1976 年春节后，彭书记带来的消息才让我看到曙光。他说我是新街的才子，让我到大队小学当民办教师。教师，知识渊博，授业解惑，从小我就特别崇拜我的老师，早就有长大当老师的梦想。

1977 年 12 月，我随着全国 570 万名考生在同一时刻走进了高考殿堂。这是中国历史上唯一的一次冬季高考，但对于那个年代的青年来说，那是冬日灿烂阳光。四十多年过去，但我仍然清晰地记得，填报志愿时，虽然家里想让我将来当医生或做其他技术职业，他们并不愿意我当教师。但我还是毅然地在第一志愿栏填报了师范专业。当教师是我儿时的梦想，两年民办教师的经历使我已经爱上教师这个职业，坚定了做教师的信念，奠定了我终身从教的基础。

教育感悟：人生机遇对每个人而言不尽相同。不要怨天，更不要尤人。人生的成败，往往不是运气问题，而是努力问题，是坚持问题！

二、初为人师漫耕耘

(一)从此少了一位语文老师

1977年，我应试录取的是数学教育专业。读书之前，我当民办教师是在初中教数学课，这以后一直任教数学课。吟诗赋句是我的业余爱好，整理图片配诗并在朋友圈分享是我的兴趣。2014年，与教育同人去山东等地教育考察时，我每天把活动的图片配诗发在微信群里分享。看了我的微信，有人问过我，"您是教语文的吧?"我说我是教数学的，他们都将信将疑。无独有偶，在2016年，某大学教育培训学院的负责人热情邀请我承担一个语文学科的专题讲座，我只能婉言谢绝，在听说我是学数学教育专业后，他说："你经常赋诗发微信，文学水平那么高，我一直认为你是语文专业呢!"

其实，我还真当过语文教师呢!最开始教书时，在小学教了三个月的语文，在初中教了两个月的语文。早在1975年7月，我高中毕业回乡，被安排到大队小学当民办教师。当民办教师虽然不如招工、入伍那么风光，但对于我们家来说已经是天大的好事。我参加管理区文教组举办的寒假教师培训后，就上岗了，在新街大队小学任教。大队小学条件简陋，学生的课桌就是木桩上固定一个长木板。教师的住宿很艰苦，在不到六平方米的房间里，搭起两个床铺，住三个老师。一个年龄大的张家瑞老师睡一张铺，我和另一个年轻老师小桑合铺。所谓床铺，也就是木桩的横端上铺高粱秆集成的帘子。我记得当时我担任的是小学四年级的语文课兼班主任。在小学任教刚三个月，又被调到新街中学。调到初中去后，学校领导安排我接手了一个初一班语文课和班主任，服从领导安排是本分。

　　一件偶然的事情，却改变了我的教学专业。在新街中学教书时，老师们一般情况下在学校搭伙（就餐），学校没有饭堂，老师们一般都坐在学生教室或蹲在外面吃饭。一天下午学生放学后，我与几个老师坐在某班教室吃饭，偶然看见黑板上书写着一道数学运算题："$(3x+y)(3x-y)=3x^2-y^2$"，显然有运算错误。仔细看来，不像学生的演板，而像是老师板书的范例。这不误人子弟嘛！我当时就留意了这个班课表中的数学老师的名字，原来是比我早到学校三个月的年轻老师，也是个毛孩子。我私下与那个小黄数学老师交换了意见，不出所料，是他的错误，他说他的数学本来就没有语文好。我开玩笑说："干脆我们两个换个学科，你教语文，我来教数学。"小黄老师当真了，及时找到了教导主任李主任，他说语文是他的长项，贾老师也愿意调换学科。当时农村学校，教师业务水平较差，学校只有几个是公办教师。也许李主任心里对师资情况早就有底，就很快地中途把我们俩的教学学科和班级更换了。

　　其实，两个月来，我基本熟悉了语文的教法。虽然分析课文、归纳段落大意和中心思想是比较复杂的备课过程，但有老教师的帮助和教学参考书，我已经基本可以胜任。

　　从此，我与数学和数学教育结下不解之缘。昔日农村学校师资薄弱的状况已一去不复返了。不过在中学读书阶段打下的语文基础，在以后工作中的实用写作和吟诗赋句时，帮了我很大的忙。之后在该初中教数学一年半，师范毕业后在襄阳师范学校教 5 年数学，1986 年调到襄阳一中任教数学 16 年，2002 年调到广州市第八十六中学任教数学至今。

我从一个民办数学教师转正为正式公办数学教师，由初级数学教师成长为中级数学教师、高级数学教师，还被授予湖北省"数学特级教师"称号。

教育感悟：教学是科学，教师不仅需要热情，更需要专业素养。

(二)教学路上的 N 个第一次

1. 第一节数学公开课

1975 年秋，我刚满 17 岁。春节前参加了民办教师上岗前的一周培训，春节后就上岗教书了。在新街小学教了三个月后，调到在新街中学教书，由教初中语文改教初中数学。在新街中学，好多教师都是我读初中时的老师，他们都是毫无保留地指导我的教学，对我帮助很大。

学校的数学组长是张崇波老师，他不仅和蔼可亲，而且教学水平是学校数学老师中最高的，有时他直呼我的小名"贾老二"。1977 年的一天，张崇波老师说要我准备一下，上一节公开课。听说要让我讲公开课，不免有些紧张。张老师对我说："不用紧张，平时怎么上就怎么上。"我还是很慎重地对待公开课的，我问张老师公开课需要注意哪些事项，他对我说："老师表达准确，知识正确，学生听得懂，不拖堂。这些是基本要求。"那天，张老师带了几个数学老师，一起听我讲数学公开课。课题是平面几何的证明方法，以两个例题为例，我认真做了准备。一切都是按照事前预设的教案进行，我从始到终都是脱稿讲授，板书的例题一字不差，45 分钟的一节课，我只用 20 分钟就完成了任务。剩余的 25 分钟，我只有让学生提前做家庭作业。虽然我是有些紧张，但自我感觉良好。课后评课时，张老师给我的公开评价是"成功。教材熟练，思维敏捷，激情奔放，态度认真；但节奏稍慢点效果可能会好些"。第二天作业批改后，结果与我的预想大相径庭，数学作业全对的只有几个数学拔尖的学生。我感到不妙，去向张老师请教，查找学生作业差的原因。张老师说正准备找我，原来张老师早已预料到了问题。张老师对我说:"这节平面几何的证明内容是教学重点,也是难点。我讲这两个例题,至少需要 35 分钟与学生互动,5 分钟小结,学生课堂练习的时间也许只有不到 5 分钟。"唔,因我讲得太快了,多数学生没有听懂,当然作业会做错。"张老师,那你昨天在课后的评价,为什么说公开课是成功的呢?"张老师微微一笑:"年轻教师的公开课结构完整,传授知识正确,教学基本环节完成,可以算基本成功;何况你教材娴熟,态度严谨,课后善于反思。有你这样严谨的科学态度,你的教学水平一定会逐渐提高。"张老师推心置腹地给我详细谈了他的看法:"老师讲得快不等于学生反应快,有学生听懂了不等于多数学生听懂了,老师的教最终要落实到学生的学。有经验的老师,在课堂上听学生回答问题或演板,可以随时掌握学生的理解情况,甚至察言观色就可以确定学生的理解程度。"

通过这次公开课,我收获很大。教师熟悉教材是对教师的基本要求,学生学得好是教师教学的追求;随时掌握学生学习状况,是教师驾驭课堂的必备条件;老教师为了爱护和促进年轻教师进步,在评价上一般是会公开肯定得多些,语气委婉些;课后个别谈得实话多些,更直接些。上完公开课后,再认真去个别听取老教师的意见,一定会受益匪浅。

多少年过去了,张老师的中肯客观、鼓励为主的评课方式对我仍然有很大的影响。我现在评价年轻教师的公开课,就是以爱护鼓励为主,不求全责备。先肯定年轻教师的优点,再婉转提出以后的期望。不会说,这节课如果我上课会怎么设计,而把年轻老师的方案全盘推翻。可能会在不改变原来思路的基础上,说某个局部环节还可以怎么处理,也许更恰当。如果评分,我的底线是 80 分,舍得给高分,最好的课上可达 100 分,不怕他们"翘尾巴"。相反,有上进心的年轻教师,受到鼓励后不会骄傲,而会提高研究课堂教学艺术的积极性,在教学研究的路上走得更快、更远。

教育感悟：教学是艺术，看起来简单的三尺讲台，也许值得我们一生去追求。

2. 第一次当班主任

因为撤销县级师范，改制为教师进修学校，学生减少，教师需要分流。1986年8月，我从师范调到重点高中襄阳一中任教。我虽然在小学和初中当过几个月的班主任，但因调整终止，在师范带学员实习数月，却没有多少感觉和记忆。真正当班主任是在重点高中开始的。1986级(4)班，是我第一次当班主任的班级。

调入县一中，我从高一新生教起，带高一(4)班，并任班主任。事无巨细，对学生关心无微不至，学生的饭票都愿意交给我来保管。我与学生年龄差距不大，与学生容易亲近，我课余经常与学生一起活动。与他们在一起，没有居高临下的感觉，倒像学长或兄长，师生关系十分融洽。

班上有一个陈姓的男生，大脑反应快，但喜欢耍小聪明。他在同学们中调侃说，他自己课外从不做数学作业，考试照样得前几名。有同学认为他在吹牛，也觉得他的说法不妥，就把这话反映给我了。我就留意观察陈姓同学的学习过程，一天晚上学生休息，我查寝室发现他的床上有异样。掀开他被子，发现他用手电筒照光蒙在被子里做数学题。我微微一笑，没有批评他，只说了声要注意用眼卫生。在班会上，我公开表扬了这位同学：数学成绩已经比较好，仍然刻苦学习，同学们要学习他的刻苦精神，勤学苦练。但要注意用眼卫生，视力不好是不能考军校和体校的。陈姓同学理解了老师的意思，以后"理直气壮"地做数学训练。他高考各项成绩优异，被中国公安大学录取。

同学们说要给贾老师争光，班风在年级最好，各项活动都走在前列。高一下学期期末考试成绩已经崭露头角。高二开始后，调出了6个学文科的学生到文科班，大多数同学愿意留在高三(4)班学理科。亲其师，信其道。师生亲密无间，教学配合默契。高二结束统考中，高三(4)班的考试成绩已经超过其他班，在年级领先，数学成绩尤为特出。

在高考中，高三(4)班的学生考得最好。当班主任，亲近学生有得天独厚的条件，师生关系融洽，课程教学变得容易推进和落实，教学质量可以迅速提高。从这届以后，我乐意承担班主任工作，即使担任两个班的数学课，我也乐意担任班主任，甚至在1993年至2002年担任年级主任或教务处副主任期间，仍然兼任班主任。就这样，开始后就连续34年停不下来。当班主任的过程是辛苦的，但收获却是满满的，回忆是幸福的。没有做过班主任的教育生涯是缺位的，过程是冷漠的。如果你问我，一生中你数学教得最顺手的在什么时间？我准确地告诉你，是我当班主任的那一届、每一届。若再问，教过你的老师中，印象深刻的是哪些老师？我老实地告诉你，时光流逝，对部分老师的记忆已经模糊了，只有班主任的音容笑貌在我的脑海中记忆犹新，永久磨灭不去。

教育感悟：教书不是简单的授业解惑，而是心灵的沟通，人格魅力的传递。只有当过班主任，才能真正享受做教师的快乐，体会教师职业的崇高。

3. 第一次教高三数学课

在高中教书，没有上高三亲自送过学生进高校，似乎不是完整的教育过程。我第一次教高三，是在调入重点中学的第三年。两年前新进襄阳一中的年轻教师有20多人，能有跟上高三殊荣的只有三个年轻教师，我是其中之一。在高二升高三时，由于没有整理高三学生档案的经验，学校领导安排我把班主任和高三(4)班数学课转交给了一位有教学经验的数学老师，让我接另外的高三(1)班和高三(2)班的数学课。其实，高三(4)班的同学们对我恋恋不舍，在校许多心事还是来找我交流，毕业后一直与我保持密切联系。当年高考中，我接的两个班的数学进步较大；高三(4)班预料之中的最好，总分过省线的有16人，钟华被中国人民大学录取、李志强被白求恩医科大学录取、陈鸿斌被中国公安大学录取、黄新民被武汉大学录取等。这是学校历史上班级的高峰值。毕业照相时，高三(4)班班干部特邀我与他们合影留念，这张珍贵的照片和高三(4)班的许多记忆一直保留完好。

图 1.2 笔者(一排左 3)与襄阳一中 1989 届高三(4)班班干部和部分教师合影

高三这一年，我做了很多高考数学试卷，并认真研究高考命题特点。谨记老教师讲的："高考重点需要反复锤炼"。另外，我特别注意解题技巧和易错题型。一方面借阅解题技巧方面的数学书籍，另一方面自己总结解题技巧。我归纳有数学易错题集，还写了《利用几何意义巧解题》《三角函数的周期性》《三角函数变换技巧》《摆动数列的通项公式》等数学文章。假期时间，我还把它们誊写在方格纸上投到数学报社编辑部。

从高一到高三的三年中，我也是蛮拼的，可谓全身心投入在教学上。1987 年，小孩四岁，孩子没有专人看护，学校还没有幼儿园，我和我爱人都有教学任务。那天，我和我爱人都有课，带小孩到教室怕影响学生上课，我就把他锁在寝室里。当时我们住在五楼，我去上课后，孩子趴在(五楼)阳台边上哭着喊"爸爸妈妈"！好心的张啟英老师发现后，立即到教室把我叫回来，把孩子放出来，并狠狠地批评了我一通："你怎么那么大胆，孩子出事了怎么办？以后你有课就把孩子放到我家里。"记得一次下午放学，因与学生谈心耽误了接孩子，天黑孩子自己哭着跑回来，在路上摔折了胳膊。还有一次，我到随州市参加教育活动，孩子的小姑帮忙接送孩子，路上不慎撞在一辆卡车上，孩子至今额头上还留有疤痕。每次回忆起这些往事，心里总觉得有些愧对自己的孩子。不过，话说回来，孩子在小时候多些磨难未必是坏事。看到自己的孩子参加工作后，在工作和生活上独立自主能力比较强，心里也就释然了。

第一次教高三毕业班的心情是敬畏的，教学态度是格外慎重的，留下的印象也是最深刻的。有了教高三的第一次经历，似乎成熟多了，以后的教学工作就放得开了。

有了第一次带高三的经历和成绩，学校领导和同事对我刮目相看，可以说这是在重点中学站住了脚。接着领导两次安排我在中途从高二接手班级，再后来就安排我从高一开始带重点班。到目前为止，我已经亲自送走共 15 届高考学生。在我退休前，还可以把 2018 届学生送入高校。衣带渐宽终不悔，粉笔无言写春秋。

教育感悟：教师不仅只付出汗水和精力，在付出的同时可以与学生一起成长。

4. 第一次得优质课奖

1986 年 8 月至 2002 年 8 月，风华正茂的 16 年，我在湖北省原襄樊市①襄阳县②一中③任教。经过这 16 年的锤炼，我从一个初级教师蜕变为高级教师、省特级教师、国家级骨干教师。

开始当教师，仅凭的是一股教育热情和解题的能力，根本谈不上专业。真正站稳讲台的时间，是在重点高中带过两届高三磨炼后。

1992 年 10 月，襄樊市举行优质课评选，学校需要推荐一位数学教师到县里参加预赛。当时推荐的是另一位年轻数学教师到县里参加预赛。

---

① 编辑注：2010 年 12 月，襄樊市更名为襄阳市。

② 编辑注：2001 年，撤县设区，撤销襄阳县，设立襄樊市襄阳区。

③ 作者注：襄阳县一中改名为襄阳区一中，后来又改名为襄州区一中。

　　由于那位教师临时有事不能参加预赛，教研组长、特级教师王楚和老师就临时指派我参加预赛。我正值第二届带高三，教学不容松懈，本不愿意参选。王老师耐心劝导鼓励我参与，"年轻人要积极参与教研活动，珍惜进步机会"。我只得勉为其难，临时匆忙上阵。我在县里初赛取得了一等奖的成绩，稍后又到市里参加决赛。自己找教务处调课，一人静悄悄地到市内其他学校参赛。

　　看到其他学校老师参赛时前呼后拥，专车接送，自带幻灯机，阵容庞大，准备充分，我不免有些泄气，感觉获奖希望渺茫。比赛那节课，我正在认真展示我的课例，突然看到一个评委从后门走出去了。我猛然紧张起来，肯定是我的课讲得不好，接下来就不知自己讲的是什么了。但我还是控制住自己，不管如何把课上完了。期待的结果在一周后传来，欣喜的是得了一等奖，虽然名次不是前列，但这是我第一次取得最高级别殊荣。我庆幸有机会补缺参赛，体会到老教师的用心良苦。

　　从此对课堂教学艺术提高了兴趣，主动听老教师的课，倾听老教师的教诲，积极参与教育教学探讨活动。这以后，不管是校内公开课，还是县内、市内的公开课，只要有机会，我都去观摩学习。不管是在校内或校外，市内或市外，学忙或学闲，统一要求的教研活动，我每次都参与。不做统一要求的教学活动，我留意打听信息，主动参加，成为县里、市里教研活动积极分子。1996 年成为襄樊市数学学会理事。

　　顺便说一下另一个年轻教师，他与我的做法形成鲜明的对比，我也一直引以为鉴。那次在市里参加课堂教学比赛获奖的还有一位年轻的物理教师，他也获得了一等奖。他取得市物理教学比赛一等奖后，一次在自己寝室与其他年轻教师聊天时说："在县一中，除了王楚和老师的课讲得好外，其他老师水平都不咋样！"岂知，隔墙有耳，此话被同住内走廊寝室的其他老师听见，并很快在校内老师们中间传开了。不少教师听后如鲠在喉，认为这年轻教师太狂妄自大。同组的老教师也证实，该年轻教师的物理课教案是全组老师讨论确定的，取得一等奖是集体备课的成绩，年轻教师不该自高自大。学校领导也觉得该教师自高自大，对该教师提出了批评。事后，该教师自知失言，在其他教师面前抬不起头，于暑期自行离开了学校。如果该年轻教师虚心一些，他很可能成为一名优秀教师。

"满招损，谦受益"，年轻人切记。

"回眸事往年，恍如在昨天。教院和师专，前辈引路缘。数学逢年会，追随逐江汉。"在市教研或数学学会的活动中，原襄樊教育学院和襄阳师范专科学校的数学前辈对我的影响很大。原襄樊教育学院的陈良植教授和龚雄兴教授，襄阳师范专科学校的邓敏教授和杜中信教授等，他们的教育思想、教学方法和思维方法，以及严谨的工作态度，都对我产生了重要影响。

"积土成山，风雨兴焉。积水成渊，蛟龙生焉。"随着时间的积累，我的教学水平逐渐有了进步，各种课型和教学方法，我都可以得心应手。每年都被评为校或县、市级优秀教师，后来还获得"襄樊市学科带头人""襄樊市拔尖人才""襄樊市优秀教育科研工作者""湖北省优秀教师""湖北省优秀数学教师"等称号。

教育感悟：积极参与教育活动业务就能进步，付诸行动教师专业才能成长。

5. 第一篇教学论文

我的第一篇公开发表的论文是在重点高中教学两年后，于 1989 年发表在广西《中学数学解题技巧》杂志上，题为"摆动数列通项公式"。"豆腐块"而已，但它却使我激动异常，"开天辟地"，手写的文章终于成为铅字，还是在数学刊物上公开发表的。有了第一次的公开发表，我对写数学论文来了兴致，又写了几篇解题技巧的文章。每年市数学学会的年会我都积极参与，每次自己主动找学校领导调课，会后自己补上。每届市数学年会，我都带上自己的习作论文上交给会议处。开始交去的论文在大会上宣读的机会也没有，我没有灰心。后来就可以在大会宣读，再后来就逐渐获奖，自己也被聘为襄樊市数学学会理事。此后，我又撰写了几篇数学解题技巧的论文，投稿后却如石沉大海，杳无音讯。我虚心向数学特级教师王楚和老师请教，王老师指导我说："小贾，你不妨换个写作方向，写写教学方法或高考研究方面的文章"。我收集、研究了近十年的全国高考数学试题，在王老师的指导和鼓励下，写出了三千字的高考研究论文《高考数学命题回顾》，并对省会考前的备考提出了一些建议。那时，没有电脑和打印机，完稿后誊写在有方格的稿纸上，多份就需要用复写纸。所投多方稿件，有回复鼓励的，但几乎没有录用的。当年有的省份正值试点改革，考试科目和会考方式有待确定，投稿之后的近半年过去了，我忽然收到华中师范大学《数学通讯》编辑部发来的稿件录用函。可能论文内容与湖北确定下来的会考制度吻合而被选中。真是喜出望外！这可是我的第一篇"长篇大论"！后来才知道《数学通讯》还是全国核心刊物。不久我又收到中国人民大学复印报刊资料《数学月刊·中学版》1992 年第 7 期的收录通知。有一次，我收到一个素昧平生的数学同行来信，与我探讨高考命题问题，他称呼我为教育前辈。其实我那时是教育后生，只不过撰写了一篇貌似高考经验丰富的专家的作品。从此以后，在教学之余，撰写教育教学论文成为我的爱好。后来，我又在《数学通讯》《中学数学》《语数外学习》《中学数学教与学》《数学考试研究》《山西教育》《数学学习与研究》《数学教学通讯》《求知导刊》等杂志公开发表 50 多篇论文。经常练笔，使我以后总结的教育教学心得，得以从容展现。

图 1.3

左图：笔者在 1989 年 11 月发表数学论文的刊物《中学数学解题技巧》

右图：笔者在 1992 年 1 月发表数学论文的刊物《数学通讯》

　　1995 年以前，襄阳一中数学科组一直没有自己的高考备考资料，而物理组早已编辑了物理高考复习资料。1995 年，我利用做年级主任的便利，就牵头主编数学高考备考资料《高三数学指导与测试》（上、下册），我亲自设计了书的封面。经多次修改，正规印刷后成为本校历届备考资料，使用效果很好。1996 年，我主编了《数学辅导》，其作为学生课外读物，办了三年，先后刊出 30 多期，深受学生欢迎。2005 年，在广州市第八十六中学任数学科组长时，我主编了校本教材《高中数学必修教材》（配套辅导用书）。我也曾应邀参加过校外组织的数学课外辅导资料的编写，但绝对不向学生推销这些辅导资料。

　　近期，我主编了《有志者来守望教育》工作室文集、《贾国富个人教育文集》，主著《北雁南飞诗画怡情》教育诗画集和《追梦》个人教育专著。

　　在我保存的奖状里，有一张在青年时代获得的襄樊市"优秀教育科研工作者"奖状。此项殊荣一般是颁发给分管教育科研的学校领导的，可是当时我仅仅是个普通教师。同事们表示奖不对人，我也觉得受之有愧。学校领导却认为我热爱教育，撰写多篇教育、教学论文，此奖受之无愧。

　　教育感悟：健谈是教师的基本功，但能把你的教育主张和感悟变成铅字发表，才叫专业成长。

6. 第一个教育课题

　　《分组教学 防止两极分化》是我进行分组教学课题研究的第一篇实验论文，在 1994 年襄樊市数学学会年会上被宣读交流，并获得一等奖。朦朦胧胧，只有研究热情，没有研究方法，更没有专家指导。说是课题，实际上没有申报，没有立项，没有研究组，靠个人单打独斗，也没有开题、中期汇报和结题等过程；但有教育理论支撑，有实验实施过程，有研究心得记录，有实验数据说明，有显著教学实践成效。

　　分组教学，它是一种教学策略，也是一种教学模式，更是一种教学思想，理论依据是"因材施教"。在教学活动中，它可以逐渐激发学生的学习兴趣，是提高教学效率的重要手段。根据多年的教学实践，结合学生实际，我总结施行了"分组教学法"。分组教学法，就是将班内学生按接受能力、智力水平和知识基础等划分为若干个组，分别提供与各组水平接近的教学方案，并加以分组辅导、个别指导、分别要求、分类评价，疏通信息反馈渠道，及时调整教学方案，有的放矢，因材施教。实施一个学期后，学生学习兴趣明显提高，优生率、及格率大幅上升。试验前后相隔一个学期，学生思想压力小了，作业负担轻了，学习兴趣浓了。经过一年多的实施，深受学生欢迎。

有付出才能有收获，个人业务能力才能得到提升。1997年，我破格申报高级教师的依据，就是这篇交流获奖的实验论文、几篇公开发表的数学论文、县市优质课奖状和省模范教师的荣誉。意外的是，我正在申报高级教师的同时，市教育局点名让襄阳一中的学校领导动员我申报特级教师。同事们听说后，都认为不可思议，高级教师还没有评上就申报特级教师，仅是有点轰动效应而已。原来，从1997年开始，遴选推荐省特级教师需要进行量化评分，市内许多知名度较高的老教师申报后，因为量化评分低而不能推荐，这才在年轻教师中挑选。虽然我当年特级教师没有评上，但高级教师却破格评上了，也为四年后申报特级教师奠定了基础。此后另一篇《因材施教 优化素质教育主渠道》在1998年市数学教研会和数学年会上交流，获得一等奖。《因材施教 优化素质教育主渠道》成为我在2001年申报特级教师的答辩题目。

2013年，我开始了高中数学作业分层设计的研究。我有了自己的工作室，并有20平方米的独立办公室，有一个志同道合的30多人的研究团队，有四个实验学校和十多个协作教师工作室、学校，有分享交流的教育博客、QQ群和微信群。利用工作室平台，我主持了黄埔区教育规划课题"高中基础年级数学分层作业的实践研究"、广州市教育规划课题"高中数学作业分层设计的研究"和广东省教育规划课题"中学数学作业分层设计的实践和评价研究"。区、市、省级教育课题已经顺利结题，市课题"高中数学作业分层设计的研究"被评定为优秀课题。工作室的课题研究成果论文已经有 14 篇，其中 10 篇已经公开发表。课题成果已经在广州市第八十六中学、广州市第八十七中学、广州市石化中学和广州市第八十四中学等学校推广，成效显著。

教育感悟：在前进的路上，不在于你出发先后，也不在于你实力厚薄，而在于方向是否正确，在于你是否可以坚持不懈。执着坚守，一定可以到达理想的彼岸。

7. 第一个省级荣誉

1994 年，我 36 岁，在重点高中任教已经完成了一次大循环（高一到高三）教学和两次小循环（高二到高三）教学。当年的教师节，我被授予湖北省"优秀教师"称号。

省级荣誉对于年轻教师来说确实是至高无上的荣誉。在此之前，校级、县级、市级荣誉我也得过不少，省级荣誉这是第一次得。其实，我没有比别人做得好多少，有许多教师比我贡献大，他们常年在高三把关，在县内、市内知名度很高。也许，在年轻教师中，我的表现比较突出。那时学校每个班的学生人数较多，很少有老师带两个班的主课，而这 8 年中我几乎每学期都带两个班的数学课，且兼班主任。第一次大循环，我从高一带的平行班，后来在本年级和高考中成绩优秀。第二次和第三次小循环，是中途接的班级，虽说不是差班，但一般情况下是有问题的班级才更换班主任的。我毫无怨言接手，又默默无闻地扭转了局面。我也仅仅是做了一些大家都在做和都能做的事情。

在 1989 年送走高三毕业生后，领导安排我接手新高二(4)班、高二(5)班的数学课，兼高二(4)班的班主任。我的分组教学实验就是从高二(4)班开始进行的，高二(5)班作为实验对比班。在 1991 年高考中，高三(4)班的整体成绩在平行班领先，数学成绩遥遥领先，数学高分段是其他班的两倍。学生优异的高考成绩，佐证了分组教学实验的成效。送走 1991 届的学生后，领导又安排我接手 1993 届任务，带高二(1)班、高二(5)班(张湾关系班)的数学课。开学近一个月后，学校又让我担任高二(1)班的班主任。我知道，这个班从高一到目前已经换过三个班主任。高二(1)班是英语和俄语生混合班级，据说是 x 科意向的政治和化学专业的文理混合班，构成复杂，外语课程和早自习分开上，管理难度很大。一直到二年级下学期，高考模式才正式确定为大文大理的文科班。高二(1)班原来班风较差，在我接手第一周，班内几个俄语男生就在体育场与其他班学生打群架。我一方面配合学校了解情况，解决问题，使学生受到教育；另一方面我需要保护、帮助这些迷途知返的孩子。几天来，我确实很忙，恰巧感冒发烧就调了一天的课。惹祸的孩子们听说我累病了，就买了礼品，带着每个人的保证书到家里看我，有两个孩子还哭了。我看到这些孩子好像一下子懂事多了，心里很高兴，我就顺水推舟地教育他们："知错能改就是好学生；礼品请大家带走退掉，保证书我收下；老师希望你们有男子汉的气概，说到做到，痛改前非。至于学校给予什么处分，大家不用太担心。就是给了处分，只要你们改好了，我会提议学校撤销处分的。"不久，两个英语生女生因学习压力大，留了一封信出走了。我得知后，带领几个班干部连夜到火车站劝阻。学生看到教师来了，十分愧疚，与教师回到了学校。有惊无险，经过细致的思想工作，她们打消了出走的念头，逐渐安心读书。功夫不负有心人，通过大家努力，英语、俄语混合班化茧成蝶，问题班转变为模范班，在1993年7月高考交上了一张圆满的答卷：高考总分上线人数刷新学校文科班纪录，在襄樊市名列前茅；龙明涛同学以628分的高分成为当年高考襄樊市文科状元(湖北省第三名)、陈礼国同学获得市第三名；全班同学都顺利高中毕业，被心仪的高一级学校录取。同学们的优异成绩，也为我的工作业绩增加了一道光环。我的数学论文《高考数学命题回顾》于1992年1月在《数学通讯》上公开发表，"因材施教注重基础——1993年数学教学备考小结"在市教育工作会上作为经验交流。从此，我受到学校领导的格外器重。1993年9月，学校领导安排我带当年新招的两个保送班之一——1993级(2)班。

次年教师节，我被授予湖北省"模范教师"，还被学校聘为年级主任。我的教育"成就"，逐渐达到新的高峰。

　　我认为当班主任，给教学工作提供了许多便利。同时带两个班，我当班主任的班的数学成绩经常超过其他班。关键是，当了班主任，不仅可以深入了解学生，因材施教，还可以通过感情投入，让学生密切配合，使效果达到极致。

　　我在近四十年的教育生涯中，之所以顺风顺水，主要原因就是长期在一线教学，当班主任或年级组长，满负荷工作。今年我已经 61 岁，担任广州市特级教师工作室的主持人，仍然担任两个班的数学教学，并且不拿一分钱的津贴。坚守一线，可以直接接触受教育者和一线教师，得到直接的感性的教育研究素材。

　　我之所以有充分的精力投入工作，另一个重要因素是我有一个贤内助，就是已陪伴我 36 年的妻子。她叫王开荣，也是一名中学教师。她贤良淑德，秀外慧中，统揽了家庭的琐事和孩子的教育，才使我义无反顾地投入教育工作。

　　继湖北省优秀教师荣誉之后，我又多次荣获省级以上的荣誉，如湖北省优秀青年教师、湖北省特级教师、国家级骨干教师、南粤优秀教师、全国模范教师等称号。

　　有时你多做了工作，表面上吃了"亏"，实际上你占据位置，抓住了机会，受到了历练，增长了才干，得到了认可。

　　教育感悟："吃亏是福"不但是一种人生策略，更是一种生活智慧。持之以恒，厚积薄发。

（三）不忘初心　成就梦想

> 安贫乐道写春秋，
> 不忘初衷心依旧。
> 鞠躬尽瘁树师表，
> 桃李芬芳织锦绣。

　　自从四十年前站上讲台，我四次放弃了离开讲台从政的机会。

　　第一次可以离开讲台的机会，是 1977 年恢复全国高考制度，我参加了全国第一次高考后。当时，我的考分相对比较高，超过控制线60多分，有选择的余地。在填报志愿时，家里人都不看好当教师，当时当民办教师是无奈的选择，现在参加高考后，可以重新选择，为什么还报教师专业呢？父亲想让我填报医学专业，以后接他的班；家里其他人让我报行政、商业或技术类。但我自己认为：当教师没有什么不好，我自己喜欢教书，师生关系比较单纯，教书职业比较稳定，同事之间也好相处；我从小就想当教师，而且已经当了两年的教师，感觉良好。所以，我坚持填报师范专业，毕业后继续当教师。既然我这样坚定当教师，家里人也就不好再反对了。

师范毕业后，我被分配在原襄阳县师范学校任教。以后由于县级师范改制为教师进修学校，学校停止招收师范生，教师分流。作为县财政拨款的学校，我可以调到县委党校，远离普通中学，会很快走上仕途；也可以调到县级中学任教，继续在一线当教师。我知道，在师范和党校很容易改行从政，但我认为在重点中学更能发挥我的才能，所以我毅然选择了到普通中学任教。1986年8月，我从襄阳县师范调入重点高中襄阳县一中继续任教。这是我第二次放弃了改行进入仕途的机会。

到1999年，我在襄阳一中兼两届年级主任6年，兼任教务主任3年后，学校推荐我升任副校长，区委组织部已经到学校对我进行了考核。教学和教学管理我还能胜任，当副校长并不是我的长项。两年过去了，升任副校长的批复一直没有下来，我也没有把它当回事。2002年元旦后，温州市、杭州市萧山区和广州的越秀区、东山区、海珠区、黄埔区等教育局，分别发函调动我的工作。随后，襄阳区教育局局长找我谈话，有意调我到本地区二中或区实验中学任副校长，我婉言推辞了。如果1999年组织部下文让我当副校长，只要不离开讲台，我是会接受的。但两年多过去了，异校任副校长，我心里没有底，何况到浙江或广州可以有更大的发展空间。所以，我放弃了第三次离开讲台的机会，选择到广州任教。

　　2005 年，我到广州的第三年，广州市第八十六中学竞聘中层干部和副校长。按我的资历和阅历，应该有条件参加应聘，学校领导和同事也劝我参加竞聘。我感觉自己虽然在一线教学和基层教育管理得心应手，但行政管理并不是我的长项，受到个人性格和经历的局限，我又放弃了这第四次行政晋升的机会。虽说以后，我又出任了两届 6 年的年级长，实是却之不恭而为之。虽然还是认真尽心地完成了两届年级长的职责，但我并不是把它作为仕途进阶的台阶。

　　我为能终身从教自豪，不管世俗的眼神与看法。我最喜欢听到别人对我的称呼是"贾老师"，因为我一直坚守在教学第一线，是一位名副其实的老师。我曾创建的小有名气的教育博客，就命名为"贾老师数学教育网"。别人称呼我为"贾特"也可以，因为我的荣誉职称是"特级教师"，而且我尽到了一个特级教师的职责。最"刺耳"的称呼是"贾校长"，每次在高端的学术交流时，总有人喜欢叫我"贾校长"，也许他们认为称呼为"校长"高抬我是对我的尊敬。但遇到这种情况，我会毫不客气地纠正他"我不是校长，我是一位名副其实不折不扣的教师"！

　　在现实中，"伤仲永"现象也并不鲜见。有少数教师，本来业务素质较好，但他们却对"仕途"趋之若鹜，舍本求末，浪费了资源。悲哀、惋惜！若能守住讲台，他们一定可以成为优秀的专业教师，甚至教育专家。好教育，是民族的希望。好教育需要好教师。

　　当教师，当一名优秀教师，是我儿时的梦想。不忘初心，耐住寂寞，甘愿清贫，守望讲台四十年，成就了我的教育梦想。做一辈子教师，安于教书，乐于育人，我无怨无悔。

追　梦

梦想是光，照亮绚丽希望；

梦想如航，引领奔驶远方。

编织梦想，谨记恩师期望；

28

流金岁月，美梦伴我成长。

守望梦想，不惧寂寞路长；
缘为梦想，楚粤初心不忘。

传递梦想，拨开心灵之窗；
与你同行，共享春暖花香。

珍藏梦想，人生幸福倘佯；
三尺讲台，四十春秋何妨？

教育感悟：教育是事业，这项事业需要大批有识之士来坚守。教育部门正在营造良好的氛围，为一线教师搭建通向成功的宽广平台。

三、登高望远再前行

国家培训理念先，
基础教育迎春天。
与时俱进勇实践，
登高远眺直向前。

我有幸先后步入三所重点师范大学的殿堂，一次次接受先进教育观念的洗礼和深厚知识文化的熏陶。教育大师的教育教学理念、人格魅力和治学精神深深地烙印在我的心中，使我受益终身。

1985年8月至1988年6月，我参加了华中师范大学的数学教育的进修，我学习了数学教育的基础理论和教学方法，将理论与实践相结合，学以致用，使我在教学工作中得心应手。

2001年10月，我有幸参加中小学国家级骨干教师培训。在陕西师范大学三个月的集中学习考察和一年的在岗实践，使我更新了教育思想和观念，学习到了前沿的现代教育理论、先进的教育技术和全新的教育方法，登高望远，受益终身。

2013 年 1 月，我参加华南师范大学主办的教师工作室主持人研修，组建了广州市特级教师工作室。我在集中学习考察和原岗自学研修一年多，个人专业发展达到新的高度，肩负起引领教师专业发展使命，能立于教育改革发展的前沿，带领一批中青年教师潜心教育课题研究，深入探讨教学课例等。

(一)迎接我国基础教育的曙光

2001 年 12 月，秋高气爽的时节，我与在陕西师范大学参加中学骨干教师国家级培训数学班的另外 36 名学员，进行了为期十天的教育考察。我们从西安出发，分别到南京、无锡、苏州和上海等地进行了教育考察学习。在这短短的时间内，我的收获很大，我目睹了当前具有代表性的中学教育状况，聆听到教育专家和一线教育工作者的专题报告、教育改革情况介绍，领略了现代化都市日新月异的变化和祖国沿途山川的秀丽风光。

1. 教育考察见闻

考察的第一站是古都南京。我们参观了国家级示范性高中金陵中学。这是一所历史悠久且紧跟时代步伐的完全中学，校园整洁靓丽，现代化的教学手段使我们大开眼界。岳燕宁校长的介绍，使我们更进一步了解到金陵中学在素质教育方面做了大量有益的探索。"教育是一把双刃剑，可以发展一个人，也可以埋葬一个人"！金陵中学教学的学分制、高考改革实验和渗透研究性学习三项教改尝试，取得了可喜的进展和宝贵经验。金陵中学是学生的乐园，学生"人无全才，人人有才"；教育面向全体，人人成才。金陵中学造就了一批充分发挥自己潜能的拔尖人才、奇才、怪才。

我们在南京大学聆听了郑毓信教授关于教育改革前沿的最新动态的报告，使我对中学课程改革、建构主义思想和开放型问题又有了新的认识。南京师范大学博士生导师喻平讲解了关于数学教学心理学课题和研究方法，为我们教学科研提供了具体的研究课题和实用的研究方法。

我们在园林城市苏州参观了苏州大学风景秀丽的校园、学术氛围浓厚的数学系和著名的《中学数学》编辑部。

考察的第四天，我们在江苏省无锡市参观了光华教育集团公司主办的无锡光华私立学校。它是一所集幼儿园、小学、初中、高中为一体的基础教育学校，它是学校规模、教育管理、素质教育等方面均能与公立学校比美的现代化的学校。光华的办学理念是"办现代化的学校，实施现代化的教育，培养现代化的人才""永不满足，只争第一，把自己的生命潜能发挥到极致"，以"诚实、勤奋、拼搏、创新"为校训。我深深地为办学者深谋远虑宏图和胆略而叹服，在这里有很多方面可以为公立或私立学校的管理者借鉴。

这次考察的最后一站是上海，它也是这次考察中最精彩的篇章。

上海是国际大都市，这里摩天大楼林立、人口集中、经济发达、人才济济，有大量的教育资源，多种多样的办学模式使教育资源逐渐得到开发。我们在上海参观了有百年历史的公办学校南洋模范中学、公办民助的进才中学和私立新世纪江海学校。

我们在上海还有幸聆听到国家中小学新课程标准的制定人、华东师范大学教授张奠宙，对国际、国内教育状况的准确分析，对我国课程改革必要性精辟论述和我国高中新课程改革的实施蓝图。

南洋模范中学是中国人自己创办的最早的新式学堂之一，创建于1901年，其前身是南洋公学。百年来，学校名师荟萃、校风纯正、人才辈出。近一个世纪以来形成的办学传统、特色、校训和校风已成为数代南模人的宝贵财富，并在新形势下得以继承和发扬。坚持学生的全面发展，学校成立有上海市学生艺术团南洋模范中学交响乐团、"紫藤苑"文学社等众多社团，学生视其为施展才华的天地，通向成才之路的桥梁。南模中学不愧为乐育英才的"江南模范"。

进才中学是台胞原江苏人叶进才先生捐资一亿三千万元人民币、政府投资一亿四千万元人民币建设起来的。学校富丽典雅的建筑、现代化的教学办公设施、高标准的运动场地等让人耳目一新，整洁规范、人文氛围浓烈的育人环境使人流连忘返，实用的师生餐厅、多种层次的营养配餐让我们有了一次美的享受，严格的门卫制度与具有高度责任感的门卫也让人肃然起敬。更让人刻骨铭心的是进才中学居高临下的教育思想和理念、现代化的教育方法和手段。特别是进才中学数学组提出的数学行动纲领发人深省："让所有学生学习更好的但都是有所区别的数学，这种'好的'与'区别'主要基于学生自己需求的选择；让每个学生都会用自己内心的体验和主动参与去学习数学，这种'体验'与'参与'会不断增强学生的自信。"进才中学拥有一支教育思想先进，能够体察教学真谛、情系进才、献身教育事业的师资队伍。

新世纪江海学校是江海科教（集团）公司继包头新世纪江海学校之后又创办的一所从小学到高中的完全学校。他们"以人为本，以新求胜"，"规范加特色，全面加特长"的办学思路很有新意。学校引进激励竞争机制改革工资和奖励制度，鞭策大家奋发向上。江海航船，锐意扬帆，祝江海人顺利到达胜利的彼岸！

在这次集中考察之前，我们到西安西飞高中进行了学习参观。西飞高中是西安飞机制造集团公司创办的一所有 24 个班级的学校，学校的环境一般，学生大都走读，老师走教。但这里育人氛围、教学管理、师生精神风貌、升学率却在人意料之外。因为在湖北像这样的厂办学校大都垮了。而西飞高中人气旺盛，校园生气勃勃；宣传橱窗中的西飞高中两年来在全国数学、化学、计算机竞赛和运动会中获得的一张张奖状、一面面锦旗映入眼帘；考入名牌大学、重点大学的学生数和升学率均远远超过本地区同类学校。耳闻目睹使我了解了其中的奥妙：以人为本，充分发挥人的潜能，"一切为了孩子，为了一切孩子，为了孩子的一切"，追求每个学生生动、活泼、主动发展；变"主宰"为"主导"，变重"知"轻"能"为"知""能"并重；变单纯的"责任"为丰富的"情感"，把更多的"情"和"爱"注入教育事业，撒在学生的心田；学校有一位更新教育观念的先行者、与教师同甘共苦的校长，有一支充满生机与活力的教师队伍。

在陕西师范大学学习期间，领导还安排我们在陕西师范大学附属中学进行了学习参观。陕西师范大学附属中学校园布局合理，教育管理严谨，育人氛围浓烈。陕西师范大学高素质管理对附属中学起到了重大辐射作用，经师范大学四次论证、酝酿出台的学校人事改革正在实施："全员下岗，招聘上岗"；行政处室人员定编15人（包括实验室人员）；教师两年一聘，行政处室一年一聘；可以低职高聘，也可高职低聘。这样大胆的创新精神让人刮目相看。陕西师范大学附属中学创建于1910年。从陕西省模范二等学堂开始，学校几度移迁、几经更名，伴随着中国革命的历史进程，她饱经风霜、历经沧桑。中华文化和革命传统的精华铸就了她的风骨，三秦大地的辉煌历史和淳厚民风凝成了她的精神。学校涌现出许多仁人志士，培养了一大批"高、精、尖"人才，为高校输送了数以万计的合格毕业生。如今的陕西师范大学附属中学是一所在省内外有一定影响，备受社会、家长信赖和学生向往的全省一流重点中学。

这次教育考察使我大开眼界，看到了中华民族教育的希望，看到了我国基础教育的曙光。陈旧的教育思想和体制正逐渐灭亡，崭新的教育思想和理念深入人心。上海具有牢固的经济基础和深厚的文化底蕴，教育资源得到有效开发，科学教育走在全国的前列。他们在用崭新的教育思想和理念指导教育教学；"以人为本"的教育宗旨在上海学校得到了深入贯彻，现代教育技术在上海已由"辅助课堂教学"发展到"与课堂教学的有机整合"；多种多样的办学模式为科学教育的发展开辟了广阔的天地。

2. 几点思考

（1）育人为本，是学校所有工作的根本。

德育为首，全面育人是学校的育人方向，德育是学校的中心工作，是学校所有工作的根本，也是最能体现学校特色的方面。以上几所学校在德育工作方面让人感受到的特点是：全面育人、多渠道育人和多种形式育人。西飞高中校长把他们学校的德育工作归纳为"领导要管理育人，教师要教书育人，职工要服务育人"。他认为学校的德育工作不是简单的做报告、喊口号、硬性灌输，而应量化、内化和具体化，显性育人与隐性育人相结合，才能达到预期的效果。面向全体学生，"行行出状元，生生能成才"；使学生德、智、体、美全面发展，培养出兼备高尚品德与聪明才干、创新精神与实践能力，具有鲜明个性且善于合作的一代新人。金陵中学的育人方式是全方位的，不管你走到哪里，都可以看到优美的环境，名家的书法、绘画，著名科学家、学校培养的著名两院院士的介绍，他们深入挖掘了每一片草地、每一块石头的育人功能。

（2）有了一个好校长，就有一所好学校。

金陵中学岳燕宁校长是著名的特级教师，他参与了新课程标准的制定工作，亲自指导学生开展研究性学习活动，始终站在教育改革的前沿。进才中学在建校之初就面向全国招聘校长，经过筛选最后由上海师范大学教授袁小明当选。无锡光华学校、新世纪江海学校等私立学校都是教育（集团）公司首先招聘好校长才开办学校的。私立学校创办成功的关键不是在于董事长的实力，而是在于董事长挑选了一个具有创新精神和先进教育思想、理念的一校之长。这几个学校之所以有今天的成就，关键都是有一个好校长。他们身上集中体现了两个重要特点：一是良好的个人素质，特别是良好的思想、人文素养和专业素养；二是民主、科学、创新的管理理念。思想素养体现在尊重科学、热爱教育事业、没有本位思想、勇于开拓的探索精神，决定了校长的见识；人文精神体现在以人为本、尊重人才、尊重知识、爱护师生等方面，决定了校长的意识；专业素养，要求校长是一个学科内行甚至专家，追求教育创新、立志成为教育家，它决定了校长的胆识。见识、意识、胆识是一个好校长的必备条件。只有充满生机与活力的学校，才能孕育出一支充满活力的高素质的教师队伍，才能培养出一批具有创新精神与实践能力的高素质的学生。教师的观念，主要影响班级和学科教学；校长的教育思想、观念则影响整个学校和所有的教师与学生。从而学校的好坏最终取决于是否拥有一个好校长。因此，学校教育改革的真正实施，关键的一条就是选拔和培训一个好校长，并且完善用人制度、民主监督和民主管理制度。

（3）高素质的教师队伍是素质教育的根本保证。

教师是社会主义精神文明的传播者，是学生增长知识和思想进步的导师，又是社会主义精神文明的创造者、实践者。一所名校是由名师和学科带头人支撑的，这句话一点也不假。这些学校都有几位学术上造诣深厚、师德高尚、使学校师生备感自豪的名师或学科带头人，他们在教育教学中不仅起着榜样作用，更起着指导和辐射作用。我们与这些名师的接触哪怕只有短短的半小时，也备感受益匪浅。这些名师成为我们今后成长学习的楷模。他们的科研兴校，不仅仅停留在口头上，还落实在行动上，落实在教育过程中。他们很早就有意识地投入大量的人力物力开展科研工作，通过科研转变教师的教育观念，提高教育教学能力和素质。他们认识到教育科研将极大地提高教师的专业意识，培养教师的研究精神，提高教师的反思能力，唤醒教师的创新意识，从而使教师的综合素质得到全面的提高。金陵中学研究性学习的顺利实施、软件专家的脱颖而出、国际奥林匹克金牌的夺得，进才中学研究性学习的有效开展、课题成果的获得、多方面人才的培养等，都得力于高素质的教师队伍。

21世纪充满竞争、充满信息，同时也充满机遇，具有划时代意义的一场教育变革已孕育和形成。信息化时代的来临给中华民族带来新的机遇。我们可与先进国家站在同一起跑线上，以提高国民素质和民族创新能力为宗旨，着重培养学生的创新精神和实践能力，深化教育改革，构建适应终身学习的教育体系。上海等地的办学模式、素质教育的探索为全国教育提供了宝贵经验。

（二）与时俱进　受益终身

2002年10月，金秋收获季节，我回到阔别一年的陕西师范大学（以下简称"陕西师大"），心情万分激动，备感亲切。这一年，我的收获胜过十年的，我将受益终身，永世难忘。

图 1.4　第三期国家级骨干教师培训数学班学员合影
（一排右 3 是罗增儒教授，二排左 4 是笔者）

　　近三个月的集中学习，使我更新了教育思想和观念，学习到了前沿的现代教育理论、先进的教育技术和崭新的教育方法，有幸聆听到久仰的教育家、数学家的专题讲座，能有机会亲眼看见著名学校的风采，使我受益终身。培训学院的领导、老师们那渊博的知识、严谨的工作作风、科学的教学态度、忘我的工作精神、熟练的教学技巧和高尚的人格魅力，在我的头脑中刻下了深深的烙印，使我终生难忘。我如枯木又逢春、久旱遇甘霖，在知识的海洋里尽情地、不知疲倦地畅游。我学完了所开设的 9 门课程，听取了 18 场专家报告、6 节观摩课，考察了西安、南京、无锡、上海等地的 8 所学校。同时，也极大地培养了勇于探索的精神和提高了对美好追求的自信心。

　　数学培训班的 37 个学员都是来自 8 个省份的骨干教师，有特级教师 5 人，国家级优秀教师 4 人，省级优秀教师或模范班主任、先进教育工作者 18 人，其他是市级拔尖人才或学科带头人、教育硕士等，个个都有绝招。通过这三个月的相互交往，他们丰富的教学经验、勇于探索的进取精神和善于协作的团队精神等优良品质给我留下了深刻的印象。我为有幸能为学员们做点事感到高兴。在现代教育技术方面，我懂得多点，我耐心地为大多数学员解答了上百个问题；我制作的"教育考察报告·演示文稿""做一个深受欢迎的数学教师·演示文稿""培训学习小结"和下载的有关信息等都成为学员们争相复制、参考的材料。这短短三个月同学间的交往，将成为我美好的记忆和以后教育生涯中的一笔财富。

初试牛刀，我顺利地完成了一道学院布置的特殊作业。在陕西师大集中培训即将结束之际，应师大数学信息科学技术院之邀，我为大学四年级学员做了以"做一个深受欢迎的数学教师"为题的报告。我利用在陕西师大才接受的新的教育思想和观点，结合自己的工作实践，阐述了怎样做一个教师，怎样做一个深受学生、家长、同事、领导欢迎的数学教师。会场里未来数学教师同行们的阵阵爽朗笑声和掌声，使我心里感到十分踏实和由衷地高兴。我能顺利完成任务，说明我学到了有用的理论知识，这让我在以后的教育教学工作中可以大展宏图。

培训结束时，我写了 5000 多字的《迎接我国基础教育的曙光——赴南京、上海等地教育考察报告》。这次教育考察使我大开眼界，我看到了中华民族教育的希望。陈旧的教育思想和体制正逐渐衰亡，崭新的教育思想和理念正深入人心。我写了 6000 多字的"以身立教 勇于创新"培训学习小结、6 篇学习心得（"新的教育思想和理念""诱思探究教学精髓""问题解决和数学建模""数学的哲学和数学文化属性""新课程和教学改革""数学教学过程"）。教育考察报告和培训学习小结收录于襄樊市"教育文献汇编"。

我满载着在陕西师大学到的前沿教育理论和导师的殷切期望回到教学第一线，把我学到的教育理论与实践紧密结合。2002 年 1 月，我在学校中层干部会议上，做了"国家级培训学习情况专题汇报"，通报了国家级培训学习的基本情况，介绍了国家教育改革的趋势和各地教育发展情况，结合本校实际提出了教育改革的设想和建议；在襄阳区中学数学教研会上做了"更新教育思想和观念 迎接基础教育的春天"的专题报告，与会教师会后感慨地说，听完之后感受到了教育春天的气息，也感到在新形势下教师工作任重道远；在平时教育教学工作和日常交往中，注意渗透新的教育思想和理念，起到一定的宣传作用。

我回到任教的学校后，整理了按新的教育理论、方法，进行课堂教学实践的设计 2 篇（"教学设计·递推数列 $a_n = pa_{n-1} + q$""教学设计·函数方程思想"）。从情境引入，激发思维；切入主题，循循善诱；顺势利导，步步深入；画龙点睛，深入浅出；辩证思维，培养品质等方面进行教学设计，达到引人入胜的目的。以激发学生学习兴趣，教师善诱、学生多思，师生互动等方面进行探讨，为研究课堂教学提供了较好的案例。

经潜心研究，我撰写教育科研论文 4 篇（《浅谈数学课堂教学的语言艺术》《一声手机铃响和三声"对不起"》《从校长办公室的设置和接待说起》《宽容也是一种教育》）。论文《浅谈数学课堂教学的语言艺术》在襄樊市数学教研会上获一等奖。此文阐述导入情景、语言准确规范、趣味幽默、以姿势表情助说话等语言艺术。教师的课堂语言艺术既体现了教师的教学能力，又和教学效果紧密相连。数学教师需要自如运用课堂语言艺术，建构良好的学习环境，才能引人入胜，引起学生的学习兴趣，启迪学生的智慧和创造力，提高学生的素质。教师只有在教学实践中不断探索，不断总结，精心设计，不断完善自己的教学语言，才能达到数学教学语言的科学性、艺术性的辩证统一，实现"教书匠型"向"学者型""专家型"教师的转型，担负起新世纪赋予我们的伟大历史使命！

经调查研究，我写出了 4000 多字的教育调查报告《襄樊市高中教育状况调查报告》，反映了目前基础教育普遍存在的不良现象。完成了 6000 多字的《透视和反思应试教育——国内应试教育下的高中教育和数学教学》结业论文，从不同的角度透视了具有代表性、影响大的若干教育现象（包括数学教学），并进行了深刻的反思，分析了其滋生的根源，提出了一些遏制其蔓延的良策。我国的教育状况不容乐观，影响学生发展、障碍社会进步的教育现象需要我们深刻的反思，找到其滋生的根源。素质教育是一项系统工程，需统筹规划、综合治理；推行素质教育的关键是转变教育思想、更新教育观念；教师的观念影响一个班级活动和学科教学，而校长的教育思想、观念则影响整个学校和所有教师与学生，教育主管领导和政府管教育的领导则影响一个地区；育人为本，全面贯彻教育方针，全面提高学生的素质，尤其是提高学生的思想品德素质；学校的工作"一切为了学生，为了学生的一切，为了一切学生"；建立一个教育教学的科学评价体系，以遏制盲目追求升学率、升学数的现象；成长无法代替，教学过程即学生亲身体验、自我建构的过程；教育必须遵循青少年身心发展的规律，讲究科学育人的方法。

在班级管理和数学教学方面，我进行了周密的安排。在陕西师大培训和因病住院期间，我对工作进行了妥善安排，并随时掌握情况，使高三(11)班的教育、教学工作没有受到影响。在西安三个月集中学习结束回校后，与任课教师一起认真分析学生情况，细心指导，同学们学习热情空前高涨，班级教学情况逐渐接近并超过平行班。经过师生努力，高三(11)班在 2002 年高考取得了优异成绩：囊括了区理科总分前 5 名，600 分以上 26 人，过重点线 61 人，又创学校高考新纪录。

我只是尽力做了自己应该做的事，而党却给了我太多的荣誉。2001年 10 月，湖北省政府授予我教师的最高荣誉——"特级教师"称号；2001 年 12 月，被评为襄樊市"学科带头人"。2002 年 6 月，关于我的先进事迹报道《无悔人生》收录于襄阳区《科技之光》文献。

培训学习时间是有限的，但在当今的信息时代，知识和能力建构将伴我终生。我认为自己的能力还有待进一步提高，国家级骨干教师的作用还远远没有发挥出来。我将把这段经历深深地铭刻进我的记忆之中，并以此作为我人生事业征途上的中继站，在今后教育改革的征程中，率先垂范，做先进教育观念的传播者、科学教学方法的实践者，以身立教，与时俱进，勇于创新，为中华民族教育事业的兴旺发达而竭尽全力，谱写新的辉煌！

（三）用心探索教育 构建学生未来

2014年1月，我参加了华南师范大学基础教育培训与研究院组织的，首批广州市名教师特级教师工作室主持人研修培训。一周的集中培训，时间虽不算长，但内容丰富，形式多样，我的收获颇丰。听了教育专家和同行的九场专题报告与交流，我不仅明确了工作室的任务和内容，还了解了当前教育前沿的动向等。特别是一些对教育教学工作很有见解的专家以鲜活的案例和丰富的知识内涵，给了我教育教学具体的操作指导，使我的教育观念进一步得到了更新，真是受益匪浅。

1. 构建和谐课堂，提高德育实效

培训期间，特邀北京师范大学檀传宝教授所做的《德育基本概念分析与德育实效的提高》专题讲座，对每个教育工作者都有很大的启发。

德育教育的主要阵地在于课堂，课堂教学是实现德育教育理想和教学目标的主要途径。学生在学校的学习生活中，大部分时间是在课堂度过的，课堂是学生学习科学文化知识、形成技能和方法、提升思想道德水平的主要场所。所以，课堂不仅是学生学习知识的主要阵地，也是学生培养良好品德的主要场所，课堂学习的情况将直接影响学生知识技能掌握的程度和思想道德素质，学生在课堂上所耳濡目染的知识将会潜移默化地反映到学生的成长过程中。课堂承担着传授知识和培育人的双重责任，它的灵魂是育人，抓住了课堂，才抓住了"全员德育"的精髓，才抓准了学校德育的命脉。

2. 践行师德规范，引领教师成长

华南师范大学基础教育培训与研究院院长吴颖民做了题为《践行

师德规范，引领教师成长——关于学校师德建设的实践与思考》的专题报告，使我进一步体会到教师职业的神圣，同时也感到责任的重大。

"教师是太阳底下最崇高的事业"。人们常把教师比喻为"红烛""人梯""春蚕"，意在表达教育这一职业的无私和伟大。所以，教师从自己执教之日起，只有对教师这一职业有充分的认识，才能彻底清除"拜金主义""仕爵主义"观念，把自己的全部心血奉献给自己所认识的教育事业，像陶行知所说的那样："捧着一颗心来，不带半根草去"。无论何时，都能够理直气壮地说，投身教育事业，我终生无悔。随着社会对人才需求的不断提升，竞争越来越激烈，教师的地位和作用越来越重要，社会对教师的道德水平和职业技能水平期望值越来越高，人民群众对优秀教师、优质教育的呼声也越来越强烈，对教师的要求也越来越严，加强教师职业道德建设越来越显得十分迫切。

3. 教育百家争鸣，创新万花齐放

培训期间，我们有幸请到了西南大学的宋乃庆教授，宋教授做的关于我国基础教育中的若干争鸣问题的专题讲座，使在场听众耳目一新，茅塞顿开。宋教授从事教育教学工作多年，理论功底深厚，实践经验丰富。此次讲座内容丰富、见解独特、针对性强，使在座听众深受启发。针对我国当前教育问题中存在的许多疑问以及因为缺乏深入研究而导致实践之路困难等问题，他指出，争鸣显得尤为重要，真理越辩越白，争论越争越清，争鸣能把是非曲直弄清楚，并且作为一种总结、学习，能够推动教学教育发展的同时为学术界注入活力，有了教育百家争鸣，迎来创新万花齐放。他的讲座让参加培训的老师感受到了作为专家，作为权威的教授追求真理严肃的态度，同时感受到了学术界的一股清爽之风。

此次培训，我们不仅邀请了全国著名的教育专家，还邀请了基础教育一线的名师。其中，南方科学大学实验学校副校长唐晓勇所做的题为"构建学习共同体在对话中分享成长"的专题讲座，既精彩又接地气。与

会者被唐老师用"心"探索教育的专业精神深深感动，我想起了新课程改革，新课程改革的核心任务是学习方式的转变。在新课程所要完成的三大主要任务中，转变教与学的方式，尤其是转变学生的学习方式是核心的任务。教师课堂教学方式的改革，最终目标是转变学生学习方式，改变学生在学校里的生存条件，改变培养出来的人能够比传统方式培养出来的人更具有创新精神与实践能力。技术支持的教学、学习变革迫在眉睫，信息技术的运用，绝对是教师教学改革、学生学习方式变革的实效的支架工具。用新的信息技术为课改注入新鲜血脉，更多的新技术的运用作为改变教与学的方式的切入点，用简单的学习工具，实现丰富的学习过程。

培训是短暂的，但意义是深远的。这次培训，不仅使我们对自己的职业有了全新的认识，同时也锤炼了我们的专业素养，拓展了我们的知识视野，增强了做好工作室主持人的信心。在今后的教育教学中，我们要不断吸取和借鉴专家和同行们的经验，与时俱进，跟上时代的步伐，担负起引领教师专业成长的历史使命，走在教育改革的前列。

(四)教育考察 耳目一新

2014 年 5 月下旬，我随广州市名师教育考察团赴山东济南、泰安和青岛三市，进行了为期一周的教育考察。大家通过看学校环境、听校长介绍、座谈交流、观摩听课等方式，深刻感受到各校的丰厚的文化教育和鲜明的办学特色，其先进的教育教学管理经验及独特的办学模式使人眼前一亮，感触颇深，我把考察的收获浓缩为简洁的七言诗，以飨读者。

教育分享

南粤团队达齐鲁，

孔孟文化底蕴厚。

教无地域畅分享，

杏坛英才竞风流。

三市七天八院校，

课例报告十五套；

安排严谨皆紧要，

身体虽累大收效。

一线专家

——山东大学附中考察纪实

山大附中领风范，

未来摇篮多状元。

信仰追求任道远，

教育专家在一线。

底线管理教育观，

道德自律靠规范。

教师发展有沃土，

学生成长尽乐园。

快乐校园

——泰安实验学校参观交流有感

清早快车达泰安，

实验学校观校园。

有序间操色斑斓，

层次分明生源宽。

民主课堂呈样板，

合作学习皆习惯。

思维碰撞火花闪，

理想放飞向明天！

图 1.5 2014 年 5 月广州市教育考察团在山东泰安实验学校考察交流

民办教育的神话（诗两首）

——北京师范大学青岛附属学校见闻

其一 李玲校长

尊重个性扬个性，

和而不同大家赢。

文化引领植基根，

人格魅力霸气生。

其二 用心作文

生活细节见精神，

香兰娓道也动听。

课前堂下皆素材，

绿岛和风画国文。

图 1.6　2014 年 5 月广州市教育考察团在北京师范大学青岛附属学校留影
（三排左 8 是考察团带队宋春燕博士，左 9 是附中校长李玲，笔者在一排右 3）

　　2015 年 1 月 11 日和 2015 年 1 月 12 日，我随首届广州市名教师特级教师工作室主持人研修班学员抵深圳市教育考察，在深圳红岭中学、园岭小学和福田中学分别参观考察了吴磊教师工作室、王鹏教师工作室和于才教师工作室。他们的工作室办得有实效、有特色，耳闻目睹，深有感触，即兴抒发诗句。

耳目一新

——访吴磊教师工作室

周末考察抵深圳，

红岭中学耳目新。

名师工作布七室，

亲见吴磊不虚行。

园岭晨光

——访王鹏教师工作室

园岭晨光耀南粤，

名师兴校显特色。

版画艺术筑美梦，

守望教育洒热血。

杏坛楷模

——访于才教师工作室

特区杏坛看于才，

卓越名师眼界开。

学习改变人命运，

教育楷模寄情怀。

第二章

春播桃李三千圃

三尺讲台四十年，
湖广守望立杏坛。
春播桃李三千圃，
秋收硕果满桃园。

　　在从教的四十年生涯中，我钟情教育，善于反思，孜孜不倦，行为世范，终身守望。在一线教学、教育管理、教师培养和教育科研等方面，我进行了扎实的实践和研究，留下一串串坚实的脚印。

一、课堂教学是艺术

(一)数学课堂教学的语言艺术及应用

教育是艺术，艺术的追求是无止境的。课堂教学是学校教育的主要阵地，语言是教学过程中师生相互交流的工具，是教师使用最基本、最广泛的信息载体。数学课堂教学过程就是数学知识的传递和反馈过程。在整个课堂教学过程中，数学知识的传递、学生接受知识情况的反馈、师生间的情感交互作用等，都需要依靠数学语言作为媒介。教师的语言表达方式和质量直接影响着学生对知识的接受和语言的发展。所以我们说课堂的语言艺术是课堂教学艺术的核心，是教师教学的基本功之一。

1. 恰当导入情境，引人入胜

建构主义认为，学习是学习者内在的思维活动与外部学习环境共同作用的结果。教师的主要职责不是如何控制学生的学习活动，而是通过创立良好的学习环境去促进学生的学习。

【课例：高三复习课《函数与方程思想(1)》的引入】(详见本节(六)课堂实录 聚焦讲台)

对于数学思想和方法的引入，如果采用"开门见山"的方式，可以节省时间，但是显得生硬、索然无味，难于吸引和激发学生的注意力和思维激情。而"电话号码的吉利数字"的情景，仅用了两分钟时间，激发了学生思维激情，形成了积极思维、踊跃发言的学习气氛。自然、通俗地讲述了一个"转换角度，柳暗花明"浅显的道理——重要的"函数方程思想"。

2. 语言准确规范，简洁严谨

数学教师对常规语言和学生语言的叙述要准确，不应使学生对概念产生歧义和误解。为此，教师要做到如下两条。一是以"书"为本，对概念的实质和术语的含义自己必须有透彻的理解，如"组合"与"组合数"、"公垂线"与"公垂线长"、"实轴"与"实轴长"等概念，如果混为一谈，就犯了同一律；又如有的教师讲"圆锥的体积等于圆柱体积的三分之一"，就忽略了"同底等高"的条件；有的教师指导学生画图时说"这两条平行线画得不够平行"等，就犯了矛盾律；而"在复平面内 y 轴上的数是纯虚数""所有的偶数都是合数"等之类的语言错误就在于以偏概全，缺少准确性。二是必须用科学的术语来授课，不能用生造的方言来表达概念、法则、性质等。例如，不能把"垂线"说成"垂直向下的线"，不能把"最简分数"说成"最简单的分数"等。除了具有准确性之外，还应有规范化的要求，如吐词清晰，语意分明，坚持用普通话教学等。简洁，就是教学语言要干净利索，重要语句不冗长、要抓住重点，简洁概括，有的放矢；要根据不同学生的年龄特点，使用他们容易接受和理解的话语；要准确无误，不绕圈子，用最短的时间传递最大量的信息，有的教师"口头禅"太多，分散了学生的注意力，破坏了教学语言的连贯性和流畅性。有学生甚至上课专门统计教师说"口头禅"的次数，有的都是语言重复，拖泥带水，浪费了课堂的有限的时间，影响了学生表现自己的积极性。

3. 语言风趣幽默，激发兴趣

兴趣是非智力因素的组成部分之一，"兴趣是最好的老师"，非智力因素具有启动、维持、调节教学活动的作用。教学语言既非书面用语，又非口头用语，要通俗明白，使学生听得有滋有味，喜闻乐见。教师应该使抽象的概念具体化，深入浅出，使深奥的知识明朗化；用自己深厚的文化底蕴教给学生丰富的数学素养；通过激发学生的数学想象，来达到培养学生数学能力的目的。要用形象化语言去解释抽象的数学概念，一般地说，对人的感官富有刺激性的语言，最能引起学生的兴趣，我的大学时期的一位教授在讲解"阶乘"的概念时说："100！这个结果大得惊人，所以我们使用'数的阶乘'这个概念"。从意义到算法，使我们记忆深刻，终生不忘。

幽默是一种较高的言语境界，它富有情趣，意味深长，数学教师的语言幽默，其作用是多方面的。一是可以激活课堂气氛，调节学生情绪，学生心情舒畅地学习与惶恐畏惧地学习，其效果是大不相同的，教师要善于借助幽默的语言去创造有利于师生情感沟通的课堂气氛。针对学生不注意分析已知条件，忽略隐含条件而引发出错误的证题思路，并结合当今中学生错别字较多的情况，我分析题意后说："这位同学的思想走到牙路上去了"，故意将"邪"读成"牙"，引得学生哄堂大笑，这既强调了学生认真分析已知条件的重要性，又告诉了学生"重理轻文"的思想要不得。二是可以提高批评的效果，让课堂违纪的同学心悦诚服。教师在课堂上遇到某些特殊情况时，假如控制不住自己的情绪和理智，易对学生发火训斥，其弊端是众人皆知的。如果用幽默的语言来处理，其作用和效果就大不一样。三是幽默可以开启学生的智慧，提高思维的质量。课堂教学的幽默，应和深刻的见解、新鲜的知识结伴而行，教给学生理智，学生会产生会心的微笑，获得美感享受。

值得一提的是，教师运用幽默语言时，应该注意将幽默与无聊的插科打诨和耍贫嘴区别开来，不要为取笑而"幽默"，不能人为地穿插一些与教学无关的笑料，不可滥用幽默讽刺挖苦学生，因为不管幽默批评多么高明，都难免不带有讽刺意味。如果有意或无意地贬损了学生人格，挫伤了学生的自尊，那就会产生极大的负面效应了。

4. 以姿势表情助说话，此时无声胜有声

教师的手势、眼睛及其他面部表情等无声语言可辅助有声语言实现教学目的。教师不能没有表情，不善于运用表情的人就不能做一个好教师。一名教师只有在他学会在面部、姿势和声音各方面做出不同的表情时，才能成为一名真正的教师。我们常说"眼睛是心灵的窗口"，就是说眼睛可表示出各种各样的感情，如高兴、气愤、赞成、反对等。课堂上师生之间的学习交流常常靠眼睛来联系，教师都是用和蔼亲切的目光去捕捉学生的视线，让"眼光"洒遍教室的每个角落，使每个学生都感到老师在注意自己，这样无形中就起到了控制课堂的作用。教师可以用严肃

和警告的目光去批评课堂中的违纪同学，同大声训斥相比，这种无声的批评学生更容易接受，且不影响大部分同学的注意力。

教学语言虽然可以传递各种数学信息，但若没有手势，课堂教学就像机械运转一样冷漠死板。在课堂教学中，手势使用得当，可以增强语言力度，强化要传授的数学知识，给课堂增添亮色和活力。教室毕竟与舞台不同，应强调自然和真实，无须刻意追求某种形式，不过应该遵循下面的原则。不要过多地重复一个手势，以免学生感到乏味；不要把手叉在腰或笔直地扶在讲台上装作老成持重，更不要搔耳挠腮，转移学生的视线；不要把手势结束得太快，以免学生感觉太突然；要保持手势的自然、适度，达到"出其手若出其心"，动作不要太夸张。

教师的课堂语言艺术多种多样，远非上述所能包罗，如还有课程结束语言艺术和渗透思想教育语言艺术等。教师的课堂语言艺术既体现了教师的教学能力，又和教学效果的好坏紧密相连。数学教师只有能自如地运用课堂语言艺术，建构良好的学习环境，才能引人入胜，引起学生的兴趣，启迪学生的智慧和创造力，提高学生的素质。教师只有在教学实践中不断探索，不断总结，不断精心设计，不断完善自己的教学语言，才能达到数学教学语言的科学性、艺术性的辩证统一，实现"教书匠型"向"学者型""专家型"教师的转型，担负起21世纪赋予我们的伟大历史使命！

(二)数学课堂创设思维情境的策略及应用

建构主义认为，学习者的知识是在一定的情境下，通过意义建构而获得的。然而有的问题情境不能直接真实地在课堂上展现出来，因此，教师应营造一种生动有趣的、具有吸引力的学习背景，创设一种与亲和的人际情景交融在一起的教学情境，激发学生学习的兴趣与动机，使学生在宽松、和谐、愉悦的氛围中，由对问题的自然想法开始探索，发挥情境的浸润功能以激发学生的探究热情。教学情境应当具有较大的学生学习并进一步深入和拓展的空间。

　　学生的生活是学生学习情境的丰富源泉，结合学生熟悉的现实生活创设的教学情境是最能激起学生的学习兴趣，引发其学习动机的。我们可以根据学生的生活经验用模拟的方法，如模拟社会生活情景，将枯燥的知识通过学生熟悉的、生动活泼的生活场景来展现，使学习活动在与现实相类似的情境中发生。这会使学生获得数学学习的自信心和兴趣，体会数学与自然、社会、人类生活的联系，让学生在自主探索中建构有价值的数学知识，获得情感、能力、知识的全面发展。

　　在数学教学实践中，教师要使学生不断地产生学习意向，引起学生的认识需要，就要创设出一种学习气氛，使学生急于求知，主动思考；就要设置出有关的问题和操作，利用学生旧有的知识经验和认知结构，以造成认知冲突。心理学的研究告诉我们：认知冲突是学生的已有知识和经验与新学知识之间的冲突式差别，这种冲突会引起学生的新奇的惊愕，并促使其去注意关心和探索。

　　课堂教学中有了学习气氛和认知冲突，即创设了思维情境，学生便有了展开思维的动因、时间和空间，从而有助于数学课堂教学质量的提高。

1. 新课引入中创设思维情境

　　新课引入是教学过程的一个重要环节，教师若不注意思维情境的创设，师生便不易进入"角色"，教师的导学过程和导学效应便不能得到充分体现，从而产生整堂课欠佳的教学效果。引入新课中创设思维情境有以下几种方法。

　　(1)开门见山，突出主体，立即切入正题。

　　我们谈话写文章习惯于"开门见山"，这样主体突出，论点鲜明。当一些新教授的数学知识难以借助旧知识引入时，可开门见山地点出课题，立即唤起学生的学习兴趣。如讲"用单位圆中的线段表示三角函数值"一节时，可做如下开篇："前面我们学习了三角函数的定义，每个三角函数的数值都是用两条线段的比值来定义的，这给我们在应用中带来诸多不便，如果变成一条线段，那么应用起来就会方便得多。这节课就来解决这个问题——'用单位圆中的线段表示三角函数值'。"这样引入课题，不仅明确了这堂课的主题，而且也说明了产生这堂课的背景。

(2)提出疑点，点燃学生的思维火花。

"导学"的中心在于引导。引在堵塞处，导在疑难处，搞好引导，能有效地促进思维状态的转化。在新课引入时，根据教学内容，提出一些疑问，就会引发学生解疑的要求。如讲"余弦定理"时，可如下设置：我们都熟悉直角三角形的三条边满足勾股定理 $c^2 = a^2 + b^2$，那么非直角三角形的三条边关系怎样呢？锐角三角形的三条边是否满足关系 $c^2 = a^2 + b^{2-x}$？钝角三角形中钝角的对边是否满足关系 $c^2 = a^2 + b^{2+x}$？假若有以上关系，那么 x 的值是多少。教师从这个具有吸引力和启发性的"设疑"引入了对余弦定理的推证。学生带着这个疑团来学习新课，不仅能提高注意力，而且这个结论也将使学生经久不忘。

(3)故事激趣。

以与新课有关的数学和数学家的趣味故事创设思维情境。新课开始可讲与数学知识有关的小故事、小游戏或创设情境等，适当增加趣味成分，可以提高学生的学习兴趣，因而有利于提高学生的学习主动性。例如，在讲"数学归纳法"一节时，由于许多学生对一个与自然数有关的命题经过数学归纳法的步骤证明后是正确的不太理解，在新课开始时可讲游戏：玩"多米诺"骨牌。玩此游戏的原则主要有两条。第一，排此骨牌的规则：前一块牌倒下，保证后一块牌一定倒下。第二，打倒第一块。讲完这两条规则后问学生："经过这两个步骤后，结果怎样？"学生很快回答："所有的骨牌都倒下了。"由此游戏引出数学归纳法的定义。

(4)借助计算机多媒体教学手段。

直观演示、探索、发现，调动学生的思维和学习兴趣。在认识结构中，直观形象具有的鲜明性和强烈性往往给抽象思维提供较多的感性认识经验。因此在新知识教学引入时，根据教学内容，重视直观演示、实验操作，就会使学生感兴趣，就能较好地为新知识的学习创设思维情境。如利用"几何画板"、PowerPoint 等动态地演示函数图像，产生形象直观的效果，调动起学生的学习兴趣。引导学生探索、发现问题的过程中就蕴含着很好的思维情境。学生在尝试了探索、发现后的乐趣和成功的满足后印象最深刻，学习信心倍增，从而能较快地、牢固地接收新知识。

2. 新课进行过程中创设思维情境

根据皮亚杰的理论，学生接收新知识的过程有两种：一种是同化，把新知识转化为旧知识；另一种是顺应，当新知识能被旧知识同化时，要调整原有知识结构，去适应新知识。按照布鲁纳的观点，思维情境是借助于学生旧有的知识经验和认知结构，作为同化和顺应的外部条件。由此可见，在新课进行中思维情境的创设尤为重要。新课中创设思维情境可采用以下方法。

暴露思维发生和发展过程。学生在新课学习中有着一定的认知过程，即由"不知到知"的意向、领会过程。由于数学知识结构的特点，往往掩盖了认知思维的存在性。因此数学教学中，暴露思维发生发展过程是符合学生认识规律和认识过程的。而"暴露"过程的本身就显示了较强的思维情境，它能促使学生思维活跃，使以教师为主导和以学生为主体达到充分统一。

新课进行暴露思维发生和发展过程可采用的方式是：向学生揭示概念的形成、结论的寻求、思路的探索过程；向学生展示前人是怎样"想"的，教师是怎样"想"的，从而通过问题引导学生如何去"想"，并帮助学生学会"想"。在这个过程中适时地渗透数学思想和数学思想方法。

3. 在练习和小结中创设思维情境

课堂练习是学生在一节课内对新知识的同化和顺应情况的一种检测，是学生对自己的认知活动的自我意识和自我体验，从中反馈出的信念可以得到及时评价和调整，同时课堂练习也是学生所掌握的基础知识和基本技能的内化过程。创设课堂练习的思维情境，能大大强化这个过程。因此要有目的有选择性地安排课堂练习，一是通过"制错找因"，创设思维情境。练习中，根据所讲内容选编一些选择题或判断正误题，并要学生找出错误原因。二是编选变式题，使学生在不同的情境中把握概念的本质属性。三是编选的课堂练习要体现出一定的思维层次性，先直观后抽象，先浅后较深。

在课堂小结中也要注意创设思维情境。由于小结是一堂课的"画龙点睛"处，它能使一堂课所讲知识及体现出的数学思想和方法系统化，初步形成认知结构。教师在小结时，或引导学生概括本堂内容、重点、关键，或利用提纲、图表、图示等都能较好地创设出思维情境，所以要十分重视课堂小结在创设思维情境中的作用。

创设情境有利于学生循着知识产生的脉络去准确把握学习内容。教学情境的核心是与知识相对应的问题，因此，创设教学情境能够模拟地回溯知识产生的过程，从而帮助学生深刻理解教学内容，发展思维能力。创设教学情境还能够帮助学生顺利实现知识的迁移和应用。通过具体情境中的学习，学生可以清晰地感知所学知识能够解决什么类型的问题，又能从整体上把握问题依存的情境，这样，学生就能够牢固地掌握知识应用的条件及其变式，从而灵活地迁移和应用学到的知识，对于提高学习效果具有重要的积极意义。

(三)数学课堂提问的原则及应用

数学课堂提问是数学教学活动的重要组成部分，是激发学生积极思维的动力，是开启学生智慧之门的钥匙。巧妙地使用课堂提问，会使课堂气氛活跃，学生思维开阔，教学效果良好。因此教师应充分发挥课堂提问的效能，把握好提问的"火候"，多层次、多方位、多角度地提出问题，激发学生在获取知识的过程中的好奇欲望、探索欲望、创造欲望和竞争欲望，进而培养学生的思维能力。

课堂提问的方式很多，只有对提问巧妙使用，问设关键处，才能产生积极作用，达到良好的效果。下面就如何对课堂进行提问的原则和技巧，浅谈几点。

1. 数学课堂提问的原则

所谓"台上一分钟，台下十年功。"教师在上课之前需要做很多的准备工作，最主要的就是备课。教师要想上好一堂课，就必须做好引导者。教师要想做好这个引导者，提问设计非常重要。教师在设计提问内容时应注意以下原则。

（1）提问内容要有目的性。

课堂提问的内容应当紧扣教材，围绕教学目的、教学的重难点进行。所提问题应该为课堂教学内容服务，每一次提问都应有助于启发学生思维，有助于学生对新知识的理解和对旧知识的回顾，有利于实现课堂教学目标。在设计问题之前，教师不仅要考虑提问什么样的问题，还要考虑为什么要提问这样的问题，目的是什么，使每个问题都成为完成教学任务的一个组成部分，使提问为教学目标服务。

（2）提问内容要有启发性。

启发性是课堂提问的灵魂，缺少启发性的提问是蹩脚的提问。因此，教师所设计的问题要能够激活学生的思维，引导学生去探索、去发现。提问要能引导学生到思维的"王国"中去遨游探索，使他们受到有力的思维训练。要把教材知识点与已有知识、经验之间的矛盾当作提问设计的突破口，让学生不但了解"是什么"，而且能发现"为什么"。同时，还要适当设计一些多思维指向、多思维途径、多思维结果的问题，强化学生的思维训练，培养他们的创造性思维能力。比如，教学"正方体和它的外接球面"时，教师可启发性提问："这时正方体和它的外接球面有几个公共点，公共点在什么位置？"，进一步提问"它们的数量关系是什么？"通过这些有序的启发提问，引导学生抓住数量关系去分析问题和解决问题。

（3）提问内容要有趣味性。

如果一堂课的提问都是平平淡淡，不能引起学生的学习兴趣，必定削弱课堂教学的效果。因此，教师在设计提问内容时就应注意到它的趣味性，课堂提问的内容新颖别致，富有情趣和吸引力，使学生感到有趣而愉快，在愉快中接受知识。这样的提问形象直观，生动活泼，富有情趣。这样联系学生实际的提问，能唤起学生已有经验并让学生展开联想，使学生积极投身到解决问题的情境之中。

2. 数学课堂提问的技巧

课堂提问是数学课堂教学的核心，当教师设计好了提问内容，把握好了提问时机，选择好了提问对象，那么，"万事俱备，只欠东风"，而这"东风"就是提问技巧。

（1）提问形式要多样。

由于问题的内容、性质和特点的不同，课堂提问可以采用不同的形式。一般有以下几种。

悬疑设问，诱发学生的直接学习兴趣。

引趣设问，激发学生的主动性。

递进设问，化难为易。有些问题，由于难点较集中，教师应当为学生设置思维的"阶梯"。初问浅显，学生正确回答后，再逐步加深，把教学的难点分化瓦解，逐渐达到预计的目的。

变式设问，培养学生的创新性。一个问题往往有多个角度透视，可以开拓学生的思路，从而培养他们的思维能力和创新能力。

（2）提问语言要明确。

数学语言的特点是严谨、简洁、符号化，教师提问语言既要顾及学科的这种特点，又要结合学生的认知特点，语言表述要准确精练，不能含糊不清。如教学中有时会出现这样的情况，在研究正弦函数的周期性时，老师问"$f(x)=\sin x$ 是什么函数"，学生的回答可能是"$f(x)=\sin x$ 是正弦函数""$f(x)=\sin x$ 是周期函数""$f(x)=\sin x$ 是奇函数"，等等。原因就在于提问含糊不清。若教师提问"在 $f(x)=\sin x$ 中，$f\left(\dfrac{\pi}{6}+2\pi\right)$，$f\left(\dfrac{\pi}{6}+4\pi\right)$，$f\left(\dfrac{\pi}{6}-2\pi\right)$ 相等吗"，学生就不难回答出正确的答案。

（3）课堂候答时间要把握好。

课堂候答时间指的是教师提问后留给学生的思考时间。教师提出问题后不要急于找学生回答，而要根据问题的性质留给学生适当的考虑时间。一般来说，等待 3 秒左右为宜，这要根据问题的难易程度而定。研究表明，当教师把等待时间从不到 1 秒增加到 3～5 秒时，课堂就会出现许多有意义的显著变化。例如，学生会给出更详细的答案，会做出更多以证据为基础的证明，会提出更多的问题，学生的成就感会明显增强等。在此需要注意的是，并不是时间越长越好，最好不要超过 10 秒。随着时间的延长，课堂气氛会变得异样，很多学生开始处于思维游荡状态中，偏离了课堂教学的问题范围。因此，教师要把握好提问后的等待时间。

教师要掌握课堂提问的原则和技巧，恰当有效的提问，循循善诱，便是给予学生一种主动创造课堂学习的氛围，新的思维情境，从而可以调动学生自己的生活实践积累，展开想象的翅膀，发挥自己的创造能力，学生在轻松愉快的氛围中去分析、思考和判断。

(四)数学课堂小结的常用方法及应用

如果说引人入胜的开头是成功的一半，那么画龙点睛的结尾则是成功的另一半。要知道对于中学生来说，课堂的最后十分钟是注意力分散的阶段，但这往往是课堂的总结性阶段，甚至是这堂课的关键所在。因此，我们一定要精心设计一个生动的课堂结尾，吸引学生的注意力，以达到巩固教学知识、拓宽教学内容、激发学生的学习兴趣的目的。反之，枯燥的结尾就会起到相反的作用，使学生丧失学习的兴趣，影响课堂效果。

下面我就结合自己多年的教学实践，谈一谈数学课堂结尾的几种常用方法。

1. 归纳式小结

这是一种最常用的课堂结尾方法。这种结尾方法通常是在一堂课的结束前，留出几分钟对本节课所讲知识的重点、难点、关键等，进行全面准确、简明扼要和生动有力的归纳总结，使所授知识条理化、系统化、完整化。这样就能加深学生对所学知识的理解和记忆，并使他们更清晰地掌握这些知识。

一般来说，总结归纳式结尾在课堂上有三种做法：一是由教师来做总结；二是由学生来做总结；三是由教师和学生一起来做总结。例如，习题课"充分条件、必要条件的判断"，第一种做法是结尾时教师说："今天，我们学习讨论了充分条件、必要条件的判断方法。充分条件、必要条件的判断方法有哪些呢？如果条件是以范围给出的，用什么方法判断好呢？如果条件是以否定形式给出的，用什么方法判断好呢?"第二种做法是结尾时教师提出："哪位同学能告诉大家，今天我们学到了什么?"然后就由学生来说。第三种做法是结尾时，由教师提出问题："充分条件、必要条件的判断方法有哪些呢？如果条件是以范围给出的，用什么方法判断好呢？如果条件是以否定形式给出的，用什么方法判断好呢?"然后由学生讨论回答，教师在需要时给予适当的引导和更正。这三种方法不能说哪种好哪种不好，在平时教学中，教师可以根据教学内容来选择适当的教学方法。

2. 活动式小结

应该说这是公开课上最常用的结尾方法了。通常在讲完课堂内容之后，结尾时结合本课教学内容或提出问题组织学生讨论，或设计一个小游戏，或演示一些有趣的小实验，或组织一次小型的智力竞赛，使学生在轻松愉快的环境中结束一节课的学习。这样的结尾有益于发展学生的思维，增强学生的求知欲，巩固所学知识，促进学生知识的迁移。

例如，采用讨论作为课堂小结的形式，可以在学习新知识的基础上调动学生学习的主动性和积极性，活跃学生思维，还可以培养学生的独立钻研精神。在教学"旋转体的表面积"这节课课尾时，提出问题：把一块半径为 2 厘米、高为 8 厘米的圆柱形橡皮泥，切成相等的两块，表面积增加了多少平方厘米？问题提出后立刻引起学生的注意，他们很快会投入热烈的讨论中。通过讨论并动手操作后得出了如下三种答案：(1)沿着上下底的半径垂直切开，表面积增加了 $4 \times 8 \times 2 = 64$ 平方厘米；(2)将圆柱体横放，沿着高的中点垂直向下切开，表面积约增加了 $3.14 \times 2^2 \times 2 = 25.12$ 平方厘米。

3. 延拓式小结

当本课新授内容完成后，不是马上结束教学，而是引导学生把所学的基本知识做适当的延伸扩展。教师可采取质疑、假设、练习等多种形式和手段来训练学生，做好铺垫。例如，教学"椭圆的定义和标准方程"结束时，教师小结"这节课我们理解了椭圆的定义和焦点在 x 轴上的标准方程"，延展"焦点在 y 轴上的标准方程是什么？平面内到两定点的距离之和相等的动点的轨迹一定是椭圆吗？如果不是椭圆，是什么图形？"用这种方法结尾，学生会感到有趣、开心，这不仅能激发学生的学习兴趣、活跃学生思维，还可以延拓和衔接知识内容。

4. 习题式小结

在教学中，有些章节的教学对引出概念，得出规律并非难事，而要让学生全面、正确地理解、掌握并能灵活运用却非易事，可以采用习题巩固式结尾。通常内容讲完后安排适当的练习来结束教学，既可巩固当堂知识，又可培养学生能力，还可减轻学生课后负担，同时便于教师查漏补缺，可谓一举数得。

在结束时，教师引导"这节课我们学习了椭圆的定义和标准方程，用好椭圆定义可以简化解决问题方法，请同学们课后完成以下练习"。

"(1)写出焦点在 y 轴上的椭圆的标准方程。"

"(2)化简方程 $\sqrt{(x+3)^2+y^2}+\sqrt{(x-3)^2+y^2}=10$。"

"(3)平面内，A，B 为定点，且 $|AB|=6$，动点 P 满足条件：$|PA|+|PB|=6$，求动点轨迹。"

"(4)平面内，A，B 为定点，且 $|AB|=6$，动点 P 满足条件：$|PA|+|PB|=4$，求动点轨迹。"

这样一方面学生能比较全面地掌握本课的主要内容；另一方面也可以使教师及时了解学生的学习情况，把握教学进程。

常言道：编筐编篓，重在收尾；描龙画凤，贵在点睛。数学课的结尾不止以上几种方式，还有悬念式结尾、探究式结尾、首尾照应式结尾等，所有的这些方式都不是孤立地单独去使用，往往是几种方式的综合运用。

总之，一个绝妙精彩的结尾与具有吸引力的开头有机结合，似锦上添花，促人振奋，使课堂教学始终扣人心弦，引人入胜。因此，教师要处理好课堂教学的结尾，给学生留下深刻的记忆。

(五)解决初高中数学教材衔接问题，赢在起跑线

我们经常听见高中数学教师感叹：现在的高一新生的数学能力太差，连起码的数学变形和推理能力都不具备，只是公式套得还可以，计算器用得还顺手。我们也听到不少的高一学生及其家长埋怨：高中数学难学，初中数学成绩每次都在 120 分以上，而进了高中数学 80 分都难得！

高中数学"老师难教，学生难学"。这确实是目前高中数学教学中表现出的一个严重问题。但问题的根源在哪里？目前怎么解决这个问题呢？

经过研究不难发现，"初高中数学教材衔接"问题是高中数学难教、难学的主要原因之一。初高中教材衔接是一个老问题，在推进新课程教学的今天这个问题更为突出，务必引起师生及家长的高度重视。

现有初高中数学教材中，知识存在以下"脱节"。

(1)立方和与差的公式初中已删去不讲，而高中的运算还在用。

(2)因式分解初中一般只限于二次项且系数为"1"的分解，对系数不为"1"的涉及不多，而且对三次或高次多项式因式分解几乎不做要求，但高中教材许多化简求值都要用到，如解方程、不等式等。

(3)二次根式中对分子、分母有理化初中不做要求，而分子、分母有理化是高中函数、不等式常用的解题技巧。

(4)初中教材对二次函数要求较低，学生处于了解水平，但二次函数却是贯穿高中始终的重要内容。配方、作简图、求值域、解二次不等式、判断单调区间、求最大值和最小值，研究闭区间上函数最值等是高中数学必须掌握的基本题型与常用方法。

(5)二次函数、二次不等式与二次方程的联系，根与系数的关系(韦达定理)在初中不做要求，此类题目仅限于简单常规运算和难度不大的

应用题型，而在高中二次函数、二次不等式与二次方程相互转化被视为重要内容，高中教材却未安排专门的讲授。

（6）图像的对称、平移变换，初中只作简单介绍，而在高中讲授函数后，对其图像的上下或左右平移，两个函数关于原点、直线的对称问题必须掌握。

（7）含有参数的函数、方程、不等式，初中不作要求，只作定量研究，而高中这部分内容视为重难点。方程、不等式、函数的综合考查常成为高考综合题。

（8）几何部分很多概念（如重心、垂心等）和定理（如平行线分线段比例定理、射影定理、相交弦定理等）学生在初中阶段大都没有学习，而在高中阶段都要涉及。

另外，像配方法、换元法、待定系数法在初中教学中都大大弱化，这不利于高中知识的讲授和学生能力的发展。

补充以上需要的内容，大约需要 26 个课时。

现行"高中课程标准实验教材"内容多，课时少，例题和练习简单，习题、复习参考题，特别是 B 组题难度大。所谓的"新课标"辅导用书泛滥，题目偏、怪、难，直接导致了学生学习困难，学习兴趣下降等问题，初高中教材衔接问题还没有解决，又拖住了高中数学的后腿。明确了问题的症结，解决初高中教材衔接问题，是当务之急。

应对、解决这些问题的办法有两类：主动式和被动式。

主动式，就是在中考后、进高中前在专业老师的指导下，补上这些知识内容。可能的话，建议高中学校在高一新生正式开学前一周集中补上初高中数学衔接内容。不然，家长可以安排孩子参加暑期相应的培训班。

被动式，就是对于"欠缺"的知识内容，在进入高一后，采用边上新课边补，需要时就补，逐步到位的方式。大多数学校就是采用这样的方法，这是没有办法的办法。由于高一新课的教学时数限制，往往是蜻蜓点水，效果欠佳。

由于初中与高中的教学对象、教学目的、教学内容、教学方法、教学任务、教学环境等不尽相同。尽快适应高中学习和生活，是每个高一新生面临的首要问题。

尽早、有效解决初高中教材衔接问题，赢在起跑线。主动搭起知识的桥梁，给学生插上腾飞的翅膀。

成功总是眷顾有准备的人！

(六)课堂实录 聚焦讲台

1."函数与方程思想"教学设计

(1)教材内容分析。

考情分析：近年的高考试题中对函数与方程思想的考查，一直是高考的重点内容之一。与函数相关的试题所占比例始终在 20％ 左右，且试题中既有灵活多变的客观性试题，也有一定能力要求的主观性试题。函数与方程思想是最重要的一种数学思想，在高考中所占比重比较大。函数思想主要用于求变量的取值范围、解不等式等，方程观点的应用等。

学情分析：本课学习对象是高三学生，经过第一轮复习后，学生基本掌握了有关函数与方程的一些基础知识，如函数的定义域、值域、单调性、奇偶性、周期性、对称性、最值、图像变换等。学生系统地学习了如一次函数、二次函数、幂函数、指数函数、对数函数、三角函数以及定义在正整数集或子集上的特殊函数(如数列)等的图像与性质，并在学习函数知识的同时，对方程也有一定的体会。但是学生对函数与方程思想的认知、感悟、应用还是零散的、片段式的，需要从学科整体角度和思维价值方面去把握，提纲挈领地去解决问题，特别是构造函数与方程的创新意识与实践能力需要提高。

(2)教学目标。

知识与技能：理解不等式、方程、多项式和集合等问题转化为函数题型和特点；渗透化归的数学思想。

过程与方法：通过从不等式、方程、多项式和集合等问题转化等方面知识交汇点处的典例分析，掌握"转换角度""化归函数""构造函数"等方法，感悟和反思函数与方程思想，打通知识间的内在联系，提高思维的深刻性与思辨性。

情感态度和价值观：通过复习整理，使学生对函数与方程思想有一个全面的认知，体验数学的转化关系和简捷美。

(3)教学重点与难点。

重点：将不等式、方程、多项式和集合等问题转化为函数问题的过程和化归思想。

难点：利用好"构造法"化归函数。

(4)教学方法。

启发式谈话法。

(5)教学工具。

投影仪、直尺。

(6)教学过程。

如下。

【情境引入　激发思维】

教师：今天上课之前，我先讲一段故事。那是 1998 年，学校教职工统一安装电话，一位职工的电话号码被安排为 2815014，当时他很不愿意，他说"5014"的谐音是"我轮要事"或"我冻(动)要死"，所以准备花 200 元钱换一个号码，图个好口彩。那天电信局的师傅安装电话到他家时，他说待更换号码后再装。电信局的师傅问清缘由后，灵机一动，只说了一句话使这位职工恍然大悟，欣然用原来的号码安装了电话。大家想一想，这位师傅说了一句什么话？

(同学们开始个个全神贯注地听讲，现在人人都在聚精会神地思考，紧接着是互相小声地讨论)

学生 1：那位师傅让他不要信迷信。

教师：答的基本上对。但是，这一句话恐怕解决不了这位职工的思想问题。大家注意了没有，问题的关键是什么？

学生 2：问题的关键是数字"4"。

【切入主题　循循善诱】

教师：对！换一个角度"4"的谐音读什么？

学生抢答：音乐简谱"4"读"发"！

教师：答得好！思维敏捷。那么，"5014"就成了——"我轮要发"或"我动要发"，大吉大利，还节省人民币 200 元。看来，有时"山重水复疑无路"，如果换一个角度就会"柳暗花明又一村"。

教师：请大家看这道由不等式求范围问题。（使用投影仪出示课例）

例 1. 对于满足 $0 \leqslant p \leqslant 4$ 的任意实数 p，不等式 $x^2 + px > 4x + p - 3$ 恒成立，试求 x 的取值范围。

分析：设 $f(x) = x^2 + (p-4)x + 3 - p$ 则抛物线的顶点、对称轴都不定，要求 x 的范围却无从下手。大家还有什么办法？

学生抢答：转换角度，将 p 看成自变量！

教师：好！如果换一个角度，将 p 看成自变量，能否解决问题？哪个同学到上面来做一下？

学生 3：【解：设 $\varphi(p) = (x-1)p + (x^2 - 4x + 3)$，那么问题就变成 $\varphi(p)$ 在 $p \in [0, 4]$ 区间上恒大于零的问题。从而，

$$\begin{cases} \varphi(0) > 0 \\ \varphi(4) > 0 \end{cases} \Leftrightarrow \begin{cases} (x-1) \cdot 0 + (x^2 - 4x + 3) > 0 \\ (x-1) \cdot 4 + (x^2 - 4x + 3) > 0 \end{cases} \Leftrightarrow x < -1 \text{ 或 } x > 3$$

故实数 x 的取值范围为 $(-\infty, -1) \cup (3, +\infty)$。】

教师：做得很好！大家可以看到：原来"山重水复"不易入手的问题，我们转换了一下角度，将 x 暂看为常数而把参数 p 当作自变量，得到了函数 $\varphi(p)$，从而"柳暗花明"。

【顺势利导　步步深入】

大家再看看下面的这个例子，考虑如何求解。

例 2. 设关于 x 的方程 $x^2 - mx + 4 = 0$ 在 $[-1, 1]$ 上有实数解，求实数 m 的取值范围。

学生 4：令 $f(x) = x^2 - mx + 4$，则问题转化为抛物线 $f(x) = x^2 - mx + 4$ 与 x 轴在 $x \in [-1, 1]$ 上有交点问题。

66

教师：答得好！他是将方程的问题转化为函数问题来解决的。但是要注意，有交点要分为有两个交点、一个交点（横坐标是大于 1 还是小于 1 的）两种情况。

这还是化成函数问题，还有其他方法吗？能否转换一个角度考虑一下？

学生 5：可将 m 看成 x 的函数。

$\because x \neq 0$，$\therefore m = x + \dfrac{4}{x}$ 问题转化为函数的值域问题。

教师：很有见地！哪位同学考虑成熟了，请上来将解的过程写在黑板上。

学生 6：我可以。

解：$\because x \neq 0$，

$\therefore m = x + \dfrac{4}{x}$ 显然是奇函数，易证函数在 $x \in (0, 1]$ 上为减函数。

$\therefore$ 当 $x \in (0, 1]$ 在 $x = 1$ 时，函数有最小值 $m_{\text{小}} = 1 + 4 = 5$，$m \in [5, +\infty)$。

同理，当 $x \in [-1, 0)$，在 $x = -1$ 时，函数有最大值 -5，$m \in (-\infty, -5]$。

故实数 m 的取值范围为 $(-\infty, -5] \cup [5, +\infty)$。

教师：解答得很好。将方程的问题转化为函数图像或函数值域问题，可使方程问题迎刃而解。其中，利用函数值域问题求解更为简便。

（出示例 3）

例 3. 若 x，$y \in R$，且 $(2x+y)^{15} + x^{15} + 3x + y < 0$。求证：$3x + y < 0$。

教师：同学们，根据条件、结论不等式的特点或变形后特点，看看能否也转化为函数问题？

学生 7：我可以试试。

证明：将条件转化为 $(2x+y)^{15} + (2x+y) < -(x^{15}+x)$。

令 $f(t) = t^{15} + t$，则有 $f(2x+y) < -f(x)$。

又 $f(t)$ 为奇函数，$f(-x) = -f(x)$。

$\therefore f(2x+y) < f(-x)$，易证 $f(t)$ 在 R 上为增函数，

$\therefore 2x+y<-x$，即 $3x+y<0$。

教师：构造函数，深入浅出。解答得太好了！

(7)学生动手实践。

教师：请大家注意看，以下的题目用什么方法证明好？

设 a，b，c 均为绝对值小于1的实数，求证：$ab+bc+ca+1>0$。

学生8：要证 $ab+bc+ca+1>0$，可证 $ab+bc+ca>-1$。

因为 $(a+b+c)^2=a^2+b^2+c^2+2(ab+bc+ca)\geqslant 3(ab+bc+ca)$。

而条件可化为 $|a|\leqslant 1$，$|b|\leqslant 1$，$|c|\leqslant 1$，与结论联系不大……

教师：思路不顺，不要紧。你善于思考，并勇于表达自己的意见，即使没有做对，但你已经有了较大的收获。大家看一看，直接证明不易入手，怎么办？

学生抢答：转化为函数问题！

老师：答得好！那么，哪个字母作为函数的自变量？请大家证明这个问题。

【画龙点睛　深入浅出】

教师：今天大家积极思考、发言踊跃，配合默契。请同学们回顾一下，以上例题主要采用的什么方法轻松求解的？关键步骤是什么？它起了什么作用？请大家动笔写出来。

（3分钟后，老师用幻灯片出示小结）。

小结：函数方程思想(课题)。

转化方法：转换角度，柳暗花明；

　　　　　化归函数，迎刃而解；

　　　　　构造函数，深入浅出。

化归思想：方程、不等式、多项式和集合等问题转化(重新认识)函数问题。

课后训练：如下。

①已知 $0<a<1$，若函数 $y=\lg(a-ka^x)$ 在 $[1，+\infty)$ 上有意义，求实数 k 的取值范围。

68

②设 x，$y \in \left[-\dfrac{\pi}{4}, \dfrac{\pi}{4} \right]$ 且 $\begin{cases} x^3 + \sin x - 2a = 0 \\ 4x^3 + \sin y \cos y + a = 0 \end{cases}$，求 $\cos(2y + x)$。

(8)板书设计：（略）。

(9)教学反思。

以上是笔者亲自主讲的一节公开课的教学设计，原意是想从情境引入，激发思维；切入主题，循循善诱；顺势利导，步步深入；画龙点睛，深入浅出；辩证思维，培养品质等方面进行教学设计，达到引人入胜、激发学生学习兴趣，教师诱导学生多思的目的，使用后感觉效果明显。实录出来，欢迎同行校正、点评。

2."递推数列"教学设计

(1)教材内容分析。

考情分析：数列是必修五第二章的内容，是数学知识与数学方法的汇合点，对初中所学的内容进一步深化（如方程计算）。这一小节充分体现了培养学生的观察问题、分析问题、解决问题的能力，并且从辩证唯物主义思想看，体现了从特殊到一般的认识规律。递推数列作为数列的一种表示方法，有其独特的作用，是高考数学考察的重点内容之一。

学情分析：教学对象是高中三年级学生。在前一阶段的复习中，数列这一章节重点复习了数列的概念，等差数列、等比数列的通项公式、递推公式以及求和公式。在平时的练习中，接触了一些已知数列的递推公式，利用等差数列和等比数列的定义求数列的通项公式，或用构造等差数列、等比数列的方法求数列的通项公式的问题。因此，对数列通项公式的作用有极其深刻的理解。但是在平时碰到的数列问题中，并不是所有的数列都能求得通项公式，有时必须通过求数列的递推公式来揭示数列的本质，解决问题。

本节课的设计既是为了对前一阶段的复习进行回顾与提高，通过课内、课外知识的介绍，可以开阔学生的眼界，同时使学生借助递推思想，有效提高学生分析问题和解决问题的能力，培养学生严密的思维习惯，促进个性品质的良好发展。

（2）教学目标。

知识与技能：会根据递推公式求出数列中的项，并能运用归纳法、累加法、累乘法、待定系数法等方法求数列的通项公式。

过程与方法：通过探究、交流、观察、分析等教学方式，充分发挥学生的主体作用。

情感态度与价值观：通过对数列递推公式的探究，培养学生动手试验，大胆猜想的优秀思维习惯，培养学生对科学的探究精神和严肃认真的学习态度。

（3）教学重点与难点。

重点：递推数列的转化过程及其方法。

难点：换元法和 a_n 有意义的理解与应用。

（4）教学方法。

启发式，探究学习，小组讨论。

（5）辅助工具。

实物投影仪、骨牌（或方橡皮块）10 块。

（6）教学过程。

【情境引入　激发思维】

教师：同学们，今天我们先做一个演示（进行多米诺骨牌演示）。

大家看了这个演示，你想到了什么？请同学们打开思维，展开联想，放开思考，不要怕离题。

（同学们在静静地思考）

学生 1：连锁反应。

教师：好！联想丰富，思路开阔。

（大家议论纷纷，室内气氛高涨）

已知数列 $\{a_n\}$，首项 $a_1=1$，$a_n=2a_{n-1}+1(n \geqslant 2)$，求 a_5。

解题的过程一样——逐步递推。

哪个同学回答这道作业题解法？

学生 2：由条件逐步推得 $a_2=3$，$a_3=7$，$a_4=15$，$a_5=31$。

教师：答得很好。如果不用逐步递推的方法能否得出 a_5？如果要计算 a_{100}，a_{1000}，用逐步递推的方法可以吗？请大家大胆发言，各抒己见。

学生 3：可先求出通项 a_n。

教师：想法很好！那么，如何求通项呢？

板书课题，出示课例。

递推数列：已知数列 $\{a_n\}$，首项 $a_1 = 1$，$a_n = 2a_{n-1} + 1 (n \geq 2)$，求 a_n。

学生 4：由刚才计算的过程可知，

$a_1 = 1 = 2^1 - 1$，$a_2 = 3 = 2^2 - 1$，$a_3 = 7 = 2^3 - 1$，$a_4 = 15 = 2^4 - 1$，$a_5 = 31 = 2^5 - 1$，从而有 $a_n = 2^n - 1$。

教师：这位同学使用的是归纳的方法，比较好，能大胆探索，善于发现。不过，由特殊情况推出了一般结论，可靠吗？（大家答：不一定！）是不一定。如果再用严谨的方法给出证明，就完美无缺了。很多科学家就是使用这种"归纳—猜想—证明"的方法得出的科学成果。刚才的结论可以使用数学归纳法给出证明。

【切入主题 循循善诱】

教师：大家再仔细考虑一下，还有没有其他推出 a_n 的方法？$a_n = 2a_{n-1} + 1 (n \geq 2)$ 与等差数列、等比数列比较有什么不同？如果常数项为 0 的话，它就是等比数列。那么，能否消去常数项呢？怎么消去常数项？

学生 5：配项，将 1 分配给 a_n，a_{n-1}。

教师：此方法很有新意，请你将配项方法写在黑板上好吗？

学生 6：$a_n + 1 = 2(a_{n-1} + 1)$

教师：为什么等式左右都是加 1？对，常数不随 n 变化。如果原常数项不是简单的整数，是 0.5、1.8 等，怎么办？

学生 7：写成 $a_n + A = 2(a_{n-1} + A)$ 与条件 $a_n = 2a_{n-1} + 1$ 比较，求出 A。

教师：好！使用的是待定系数法。请大家动手操作一下。

71

设 $a_n + A = 2(a_{n-1} + A)$，则 $a_n = 2a_{n-1} + A$，

与 $a_n = 2a_{n-1} + 1$ 比较可得 $A = 1$，从而有，

$a_n + 1 = 2(a_{n-1} + 1)$，令 $b_n = a_n + 1$ 有，

$b_n = 2b_{n-1}$，又 $b_{n-1} \neq 0$，$\dfrac{b_n}{b_{n-1}} = 2$，

$\therefore \{b_n\}$ 是首项 $b_1 = a_1 + 1 = 2$，公比为 2 的等比数列，

$b_n = b_1 \cdot q^{n-1} = 2 \times 2^{n-1} = 2^n$，即 $a_n + 1 = 2^n$，

$\therefore a_n = 2^n - 1$。

【顺势力导　步步深入】

还有什么方法能够消去常数项？解方程消去某项的方法是代入消元法、加减消元法。这里没有式子可代，加减又需要两个等式，怎么办？

学生 7：将 $a_n = 2a_{n-1} + 1$ 中的 n 换成 $n-1$，两式相减可以消去常数项。但是，又多出了 a_{n-2} 项，可能不行。

教师：不要紧，你已经迈出了关键的一步，继续大胆地往前走！即使错了也无妨，因为你已具备了勇于创新的精神！请你把刚才的结果写出来再看。

学生 7：$a_n = 2a_{n-1} + 1$，将 $n-1$ 代入 n 得 $a_{n-1} = 2a_{n-2} + 1$。

教师：将左边也括起来怎么样？

学生 7：$(a_n - a_{n-1}) = 2(a_{n-1} - a_{n-2})$，令 $b_n = a_n - a_{n-1}$，

则 $b_n = 2b_{n-1}$。

教师：这个方案很好！不过，是否一定能行？具体操作的时候还会遇到什么问题？只有动手实践才能知道。

问题 1. $\{b_n\}$ 的首项 $b_1 = a_1 - a_0$，a_0 有没有意义？没有意义怎么办？修正 $b_n = a_n - a_{n-1}$，$n \geqslant 2$，$n \in Z^+$，

那么 $b_2 = a_2 - a_1 = 3 - 1 = 2$，问题迎刃而解。

可得 $b_n = 2^{n-1}$。

前面也可以将 $a_n = 2a_{n-1} + 1$ 中的 n 换成 $n+1$。

问题 2. 由 $b_n = a_n - a_{n-1} = 2^{n-1}$ 如何求出 a_n？等差数列由 $a_n - a_{n-1} = $

d，是怎么求出通项 a_n 的？

学生 8：等差数列由 $a_n-a_{n-1}=d$ 得，

$a_2-a_1=d$，$a_3-a_2=d$，$a_4-a_3=d$，…，$a_n-a_{n-1}=d$，将这 $(n-1)$ 个等式累加得 $a_n-a_1=(n-1)d$，

∴ $a_n=a_1+(n-1)d$。

教师：$a_{n+1}-a_n=2^n$ 与 $a_{n+1}-a_n=d$ 类同，能否也用以上累加法呢？请一个同学在黑板上完成，其他同学在下面做。

学生 9：由 $a_{n+1}-a_n=2^n$ 得 $a_2-a_1=2^1$，$a_3-a_2=2^2$，$a_4-a_3=2^3$，…，$a_n-a_{n-1}=2^{n-1}$，将这 $n-1$ 个等式累加得，

$a_n-a_1=2^1+2^2+2^3+\cdots+2^{n-1}$，

∴ $a_n=a_1+(2^1+2^2+2^3+\cdots+2^{n-1})=1+\dfrac{2(1-2^{n-1})}{1-2}=2^n-1$，

而 $a_1=1=2^1-1$，也满足上式。

∴ 通项 $a_n=2^n-1$。

教师：做得很好！下面的同学大都做对了，而且有两个同学在尝试直接使用累加法，思路开阔，勇于探索，很好！继续努力。大家都试一试。

∵ $a_n=2a_{n-1}+1$，

∴ $a_2=2a_1+1$（$a_3=2a_2+1$ 两式 a_2 的系数不一样，相加后 a_2 消不掉，怎么办？）

$2^{-1}a_3=2^{-1}\cdot2a_2+2^{-1}$（对！将第二个式子两边同乘以 2^{-1}，其他式子怎么办？）

$2^{-2}a_4=2^{-2}\cdot2a_3+2^{-2}$（第三个式子两边同乘以 2^{-2}）

……

$2^{-(n-2)}a_n=2^{-(n-2)}\cdot2a_{n-1}+2^{-(n-2)}$（第 $(n-1)$ 个式子两边同乘以 $2^{-(n-2)}$）

将以上 $n-1$ 个等式相加，得，

$2^{-(n-2)}a_n=2a_1+1+2^{-1}+2^{-2}+\cdots+2^{-(n-2)}$

$2^{-(n-2)}a_n=2\times1+(2-2^{-(n-2)})$，$a_1=1=2^1-1$ 也满足，

∴通项 $a_n = 2^n - 1$.

【学生实践】

已知数列 $\{a_n\}$，首项 $a_1 = 2$，$a_n = 3a_{n-1} - 2(n \geqslant 2)$，求通项 a_n。

【小结归纳】

教师：今天同学们配合得很好，大家善于思考，勇于发现，踊跃发言，望以后继续努力。请大家归纳一下对于"已知数列 $\{a_n\}$，首项 $a_1 = a$，$a_n = pa_{n-1} + q(n \geqslant 2)$，求通项 a_n"可以使用哪些方法？

学生 10：方法一，归纳—猜想—证明；方法二，待定系数换元法；方法三，递推相减换元法；方法四，各乘常数累加法。

教师：$a_1 = a$，$a_n = pa_{n-1} + q(n \geqslant 2)$ 中，在下列各种情况是什么数列？（学生 11 填写）

教师：递推数列 $a_{n+1} - a_n = f(n)$ 中，$f(n)$ 是什么函数时可以求得通项？（$a_1 = a$，$n \geqslant 2$）

【课后作业】

请同学们课后完成上表，并选两题写出解题过程。

(7)板书设计：（略）。

(8)教后反思。

教学过程流程图如下。

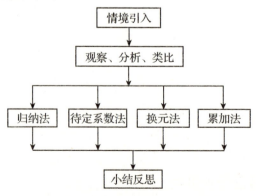

图 2.1　教学过程流程图

教学设计意图：以上是我主讲的一节公开课的教学设计，意在这节课的教学设计上，从情境引入激发思维、教师善诱学生勤思、师生互动启发认知、渗透思想品德教育等方面做些探讨。

本节课始终以学生动口、动脑、动手去探索，去归纳、总结。最后找出一个普遍的规律，从而激发了学生学习的动机，激励学生去取得成功，顺应合理的逻辑结构和认知结构，从问题中反复对比、归纳、总结，符合学生的认识规律和心理特点，调动了学生自主探索知识，注意数学思维方法的规律与总结，培养了学生的学习习惯和方法。此节课的教学设计较为合理，具有创新特点，板书也能起到画龙点睛的作用。

3."欧拉公式的发现"教学设计

（1）教学内容分析。

这节课是在学完棱柱、棱锥，建立了多面体、正多面体的有关概念之后进行的。欧拉公式 $V+F-E=2$ 反映了简单多面体的元素（顶点、面、棱）之间的数量关系。它是研究多面体时很有用的工具，教材在阅读材料中运用欧拉公式说明了为什么只有 5 种正多面体。这节课采用"研究性课题"的形式，让学生亲身去探索和发现多面体欧拉公式。这样做对培养学生养成良好的学习、探索习惯，掌握数学的思想方法，提高协作能力具有重要的作用。

（2）教学目标。

识记多面体欧拉公式，了解公式的发现过程。

初步了解数学概念和结论的产生过程，提高发现、提出、解决数学问题的能力；发展学生的创新意识和创新能力；进一步培养学生的空间想象能力、逻辑思维能力和人际交往协作能力。

以多面体欧拉公式的探索为载体，体验数学研究的过程和创造的激情；建立严谨的科学态度和不怕困难的顽强精神；体验数学的简洁美。

（3）教学重点与难点。

重点：体会多面体欧拉公式的发现。

难点：拓展变换的空间想象。

（4）教学方法。

启发诱思，猜想发现。

（5）教学工具。

多媒体投影仪。

（6）教学过程。

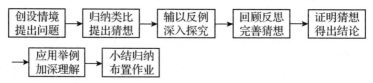

【创设情境　提出问题】

我们知道正多边形有无限多种，目前我们学习过的，正多面体只有五种：正四面体、正六面体、正八面体、正十二面体、正二十面体。这是为什么呢？瑞士数学家欧拉早在 1750 年就研究过这一问题，并得出多面体欧拉公式。下面我们就来沿着欧拉的足迹来探索这个公式。

【归纳类比　提出猜想】

问题 1：下图中有 5 个多面体，分别数出它们的顶点数、面数和棱数，并填表。（多媒体演示）

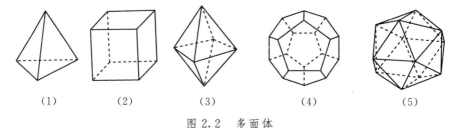

（1）　　　　（2）　　　　（3）　　　　（4）　　　　　（5）

图 2.2　多面体

表 2.1　多面体

图形	顶点数（V）	面数（F）	棱数（E）
正四面体			
正六面体			
正八面体			
正十二面体			
正二十面体			

请找出 V、F 和 E 之间的规律。

在个人思考、分组讨论、展示交流成果的基础上，归纳得出：$V+F-E=2$。

【辅以反例　深入探究】

问题 2：是不是任意多面体都有上述规律呢？有没有不同的情况发生？

下图中，有两个多面体，分别数出它们的顶点数 V、面数 F 和棱数 E，并填表。观察表 2.2 填出的各组数据，这些图形符合前面找出的规律吗？个人思考，分组讨论，代表发言。

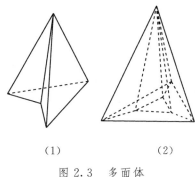

（1）　　　　　　（2）

图 2.3　多面体

表 2.2　多面体

图形	顶点数(V)	面数(F)	棱数(E)
（1）			
（2）			

【回顾反思　完善猜想】

教师指出：欧拉研究多面体有一种特别有创意的方法，那就是假设它的表面是用橡胶薄膜做成的，然后充气，在连续变形且不破裂的前提下，把平面变成了曲面。

联系图 2.2，得出：像以上那样的连续变形中，表面能变为一个球面的多面体，其顶点数 V、面数 F 和棱数 E 满足公式 $V+F-E=2$。

　　图 2.3(2)为带洞的多面体就不满足此公式，接着得出简单多面体的概念。引导学生得出凸多面体、简单多面体和多面体之间的关系。

　　将前面的问题联系起来，你能得出什么猜想？

　　猜想：简单多面体的顶点数 V、面数 F 和棱数 E 之间是否存在如下规律？

$$V+F-E=2$$

【证明猜想　得出结论】

　　问题 3：如何证明欧拉公式？

　　对于任意一个简单多面体，由前面的想法，假定它的表面是橡皮膜制成的。如果将多面体的底面剪掉，然后其余各面拉开铺平，就得到相应的图形。(多媒体演示)让学生体会欧拉公式的证明得益于"多面体的表面都是橡皮薄膜制作的"这一观念上的创新。将立体图转化为熟悉的平面图形。

　　在上面的变化过程中，哪些量变了？哪些量没变？讨论后展示成果。

　　利用这个关系能推导出欧拉公式吗？

　　问题 4：定义欧拉关系式 $f(p)=V+F-E$，那么，请写出简单多面体的欧拉关系式 $f_1(p)$ 和带洞的非简单多面体的欧拉关系式 $f_2(p)$。

【应用举例　加深理解】

　　如果一个简单多面体的面都是三角形，那么 $F=2V-4$。

【小结归纳　布置作业】

　　体验数学公式的简洁美，过去我们研究的几何问题主要涉及长度、距离、面积、全等度量问题，而欧拉公式与度量无关。课后可分小组研究。

　　(1)充气后，表面经过连续变形能够变为环面的多面体。它的 $f(p)=V+F-E$ 有没有规律？如果有，规律是什么？

　　(2)如何运用简单多面体欧拉公式证明为什么只有 5 种正多面体？

　　点评(孔凡哲)：欧拉公式，原本作为高中数学的教学内容，经过适当处理，完全可以作为初中数学的课题学习的内容。这篇案例的基本结构是"创设情境、提出问题，归纳类比、提出猜想，辅以反例、深入探究，回顾反思、完善猜想，证明猜想、得出结论，应用举例、加深理解，小结归纳、布置作业"。这种结构层次清晰，节奏明快，比较适合八年级、九年级的学生。

其实，欧拉公式作为阅读材料，曾经出现于义务教育课程标准实验教科书数学(七至九年级，北师大版)七年级的上册中，是课题学习的素材，可以作为初中深层次的教学内容。当然，本案例可作为初中的研究型学习材料，只不过诸如"欧拉公式的证明"不宜成为对全体初中考生的要求。

二、诱导得法效倍增

以生为本心育心，
分层施教逐步进。
诙谐幽默师生亲，
诗画灵动享终身。

我从 17 岁开始教书，转眼已经 40 年。我教过小学、初中、中师和高中，教过学生，也教过教师，长期坚守在教育第一线教学，在我的老师、同事的启发和帮助下，自辟蹊径，逐渐形成自己的教育风格。

(一)以生为本 以心育心

以生为本就是把学生作为学校教育和管理的根本，就是为了学生的一切，时时处处把学生的成长和发展放在学校教育和管理的首位。

教育是人与人的心灵交流，教师是以心育心的职业。教师不仅是知识的传授者，更是教会学生如何做人的引导者。教师的言谈举止对学生会产生潜移默化的影响。教师可以说是除了家长外，对学生的成长影响最大的人。教师的个人修养就是一种教育环境和教育资源，也是一种重要的教育手段。"亲其师，信其道。"教师的道德、人品表现会对学生产生极大的影响，甚至会影响其一生。同时，一个教师只有具有良好的师德，才能认真对待教学工作，取得良好的教学效果，才能得到学生的认可。

在40年的教育生涯中，我力求做到以情育人，热爱学生；以言导行，诲人不倦；以身示范，尊重信任。学生天真、活泼、健康、无邪，但心理承受能力弱，需要爱的抚摸。所以教师要经常用爱心去引导他们，培养师生的感情氛围，形成"师生共鸣"的心理感应，从而激发学生情感，使学生健康成长。与学生在一起，我的心情会十分愉悦、踏实。与学生在一起的日子，是我平生最美好的回忆。我以极大的工作热情和严谨的工作态度感染学生。如对于学生的作业，一般都是当天批改，并亲自送到教室；对于学生的疑难问题，都是细致耐心给予解答，不管是自己教的学生，还是其他班的学生，我都会热情帮助。即使年逾半百，每周的学生训练题，我都是当天晚上加班改完，及时反馈。

我做了34年的班主任与年级组长，工作中深入细致地做学生的思想工作，并把教育实践的育人心得，都记录在德育论文中。我已经发表德育论文《真心投入　大胆放手》《真情关爱　严谨治学》《立德树人为人师表》《从一声手机铃响和三声"对不起"说起》等，共近二十篇。

做一个有成就感的老师，做一个享受教育的老师，做一个受学生喜欢的老师。与学生一起成就我们的事业，享受我们职业的幸福。一摞摞红彤彤的奖状，从校级优秀教师和模范班主任，到省特级教师和全国模范教师的奖状、奖章，正是作为教师教书育人、春风化雨的佐证。

记录我教书育人过程的另一种方式，是保存学生交流的信件、活动照片、微信等。它可以珍藏与学生心灵沟通的过程，又有助于品味和反思我们的教育，又是日后跟踪学生发展和引领他们师弟师妹的最佳素材。

我保留有几箱学生的来信、装有历届学生照片的十几部影集和电脑里保存的与学生相处的照片。让我记忆犹新的是，1993年考入华中师范大学的吴金宏同学，到高校报到后的第一件事就是给我写了一封发自心底的感谢信，她在信中写道："贾老师，是您的一句'谁笑到最后谁就笑得最好'名言，伴随我在情绪低落、成绩下降时增强信心，战胜自我，走向辉煌；是您博大胸怀和高尚的人格魅力感染了我，使我选择了教书这个天底下最光荣职业。我衷心祝愿敬爱的老师一生平安，事业蒸蒸日上！"正如每次听到学生毕业后的事业有成的报告一样，我由衷地感到高兴和自豪，因为这才是对"人类灵魂工程师"的最好注释和回报。同时，通过与学生毕业后的交流，我们还可以更真实地检验和反馈学校教育的效果。看了吴金宏同学的来信后，我更清楚地认识到高三多数学生的思想压力较大，以后会在教学过程中，更主动细致地做好学生压力释放工作，帮助学生平稳过渡高考的备考阶段。

我们的爱没有付之东流，我们平淡的生活并不平凡：三尺讲台是我们思绪纵横的绚丽舞台，它面对的是将来的桃李满天下；明净课堂有我们灯火阑珊的彻悟境界，那里写满了学生点点滴滴的成长、充实。

教师的幸福来自学生的成长与发展。教师，循循善诱，守望的是讲台，放飞的是希望，播种的是知识，收获的是未来。教师最大的幸福，就是看到学生的成长，在学生的进步与对社会的贡献中体会到一种他人无法体会到的快乐。

我当班主任的历届毕业学生，无一例外，都创建了班级同学录或同学QQ群、同学微信群。他们喜欢用我的姓或名、原本班级名称作为群的名称，如"国富的93级2班""国富的13班""贾特的3班""老贾的11班"等。他们在群里或叙旧，或交流各自近况，分享欢乐和收获，正能量满满，筑起一道道岁月的靓丽风景线。

我的历届学生都与我保留着密切的联系，有时他们会从外地或从海外专程到广州来看望我。他们的大型同学聚会，都特邀我参与。如

图 2.4　襄阳一中 1993 级 2 班师生留影
（二排左 8 是时任校长曹荣葆，笔者在二排左 9）

1993 级 2 班，在 2013 年国庆节组织了班级 20 年同学聚会。我欣然应邀从广州回到襄阳，参加了他们的聚会。屈指感叹 20 年，青出于蓝，鹏程发展。亲眼看见学生的事业成功，亲耳听见他们快乐分享，我万分欣慰，比自己获得大奖还幸福。那天我现场即兴赋诗一首《永远的超级二班》，与同学们共度欢乐时光。顺便把这首诗与读者分享。

永远的超级二班

——写给 1993 级 2 班 20 年聚会

二班

是一壶陈年的普洱

昔日的同学友情飘来阵阵清香

思念久远

二班

是一坛尘封的窖酒

廿年后的师生感情仍热情奔放

醇香绵绵

二班

是一座矗立的丰碑

给母校学弟学妹留下美好昨天

榜样无限

二班

是夏日的一泓山泉

清澈无瑕的原生态的纯真情感

流长源源

二班

是一种执着的信念

他是九三级二班的精神乐园

凝聚非凡

九三超级二班

不管在天涯海角

大家的心都是紧紧相连

直到永远　永远

（贾老师，2013年国庆节于襄阳）

　　对学生负责，意味着对学生终身负责。教学几年，却要对其几十年的发展负责，精心打造学生适应未来社会生活和竞争的核心素养。

　　成功的教育影响学生的一生。《耐住寂寞 坚守信念——我的高中班主任贾国富老师》，是1993级二班的班长屠海峰，在国庆聚会前发在班级微博的文章。从其淳朴无华的语言中，可以体会到学生对高中学校生活的美好回忆，对老师的深情敬意和怀念，对人生成长过程的看法。

以生为本，以心育心，是学校教育本源，也是教师享受职业幸福的源泉。做学生的终身朋友，欣赏学生的不断成长过程，让教师的职业幸福陪伴你的一生。

(二)诙谐幽默 师生亲近

1. 幽默故事

语言是教学过程中师生相互交流的工具，是教师使用最基本、最广泛的信息载体。数学课堂教学过程就是数学知识的传递和反馈的过程。课堂的语言艺术是课堂教学艺术的核心，是教师教学的基本功之一。诙谐幽默是一种优美的、健康的品质，能使人们平淡的说教充满生动和情趣，是心情的润滑剂和开心果。

教师与学生和谐相处，尊重和信任学生，既是敬业精神的核心，又是教师高尚品德的自我表现；既是育人的目的，又是教师这个职业的具体表现。诙谐幽默可以缩短师生之间的距离。课堂善用幽默，吸引学生的注意力，活跃课堂气氛，提高学生的理解程度。

我在教学过程中，通常在新课引入时，或讲解重要的数学思想和方法时，或在高度紧张需要放松时，适时引入一段幽默故事，以吸引学生注意力，或比拟使用道理，或缓解压力。

函数方程思想是一种重要的数学思想方法，也是高三复习的一个难点。在学习古典概型时，对于计数学生容易计错。在课中，我会让同学们快数天天。"现在我们来计算一个简单数据：今天是星期二，那么从今天开始数到下周二，共有几天?"大家都会大声快速抢答"7 天!"我微微一笑："是 7 天吗？伸开你的手指掐算一下，到底是几天!"顷刻，"哇!"大家哄堂大笑。"是 8 天!"这时，我便语重心长地说："细节要格外注意了! 简单计数也要过细、注意方法呀!""下一次不要犯类似的低级错误了!"大家在轻松愉快的气氛中，领悟了计数的列举对应方法和细节决定成败的道理。

通过多年的实践和积累，我整理了"电话号码""买房优惠""买桃还价""快数天天""考个有理数""田忌赛马""一个数学家敌十个师""招待不周""90度的坡""提高一秒""石板桥""扬眉吐气"等四十多个短小的幽默故事，在课堂上适当的时间客串，效果奇妙。

2. 数学警句

数学逻辑严谨、缜密单调，但诗画韵律简洁、直观生动。

在教学中，为了使学生理解基础知识、基本技能、基本思想和基本活动经验，培养学生从数学角度发现和提出问题的能力、分析和解决问题的能力，我把数学中重要和易错知识与方法，归纳成打油诗，名曰"数学警句，金玉良言"。

在学习集合时，为了加深集合交集和并集运算的理解，一句"越并越大，越交越小"，使学生牢牢记住了集合运算的特征。

在小结代数式变形技巧时，一句"减少一个，须加一条"，使学生对"代数式变形过程中，减少一个函数或表达式需要增加一个条件或限制"理解透彻。

在学习二次函数中的参数问题时，一句"二次很重要，讨论少不了"，学生可以轻松理解并记住了解决这类问题的分类方法。

在学习数列时，对于求数列的通项公式和求前 n 项和的运算中，学生可以理解运算方法，但运算结果容易算错，而且学生一般情况没有耐心检验，待老师批改后才知道是错的。如果学生自己养成检验习惯的话，用特值 $n=1$ 检验结果，很容易检查出错误，可以轻松改正而得分。我编了一句数学警句："顺手检验到，省力又讨好"。学生容易接受老师提醒的检验方法，并牢记在心。在检验直线方程、圆的方程时，最后用代点顺手检验效果也很好。

在应用数学思想方法时，一句"数形结合，珠联璧合"，又一句"函数方程，柳暗花明"，再一句"几何意义巧，直观有奇妙"，使学生对数形结合、函数方程等数学思想方法的妙处体会深刻。

在解决特殊数列求和的难点时，一句"通项入手，万事无忧"，使学生对数列求和的要点把握准确，难点迎刃而解。

在警示运算过程忽视端点问题时，一句"端点虽小，分数不少"，使学生对区间端点、线段端点、不等式的等号和临界点等"细节"问题，专门检查，格外注意，减少失分。

在强调善用特例探究、特例记忆、特例说明、特值计算等技巧时，一句"特例用好，方法巧妙"，使学生对特例的作用了如指掌。

在使用换元法解决问题时，一句"换元法好，范围莫小"，提醒学生注意换元前后变量的范围变化。

为了强调记忆结论的重要性时，一句"熟记结论，笔下有神"，使学生对强记结论也来了兴致。

针对学生书写不严谨、不规范，如计算结果没写单位，或一个式子的角度使用度数和弧度两种单位混写，或最后运算结果不化简等错误，因为这些小错失分很可惜，特别是填空题可能失去整个小题的分。我提醒学生"千万要记好，小错真不小！"

"数学经典警句，警钟如雷长鸣"在教学过程中贯穿落实，学生轻松理解，印象深刻，许久难忘。可谓"句句金玉良言，字字宝石珠玑！"

在高考前，我会再把平时给同学们贯穿的数学警句归纳在一起，让学生记忆，并要求学生由每句数学警句能联想到适用哪种题型。

3. 励志名言

我常赋朗朗上口、节奏铿锵的励志名言，启迪孩子们的心灵。一句"莫道君行早，更有早行人"，告诉孩子，高三在炎炎夏日下提前开学的重要性。一句"备考早入手，六科齐并进"，提醒补课六科都开课的必要性。"奠基求发展，炎夏也清新"，学生马上联想到老师是为了学生的未来着想，顷刻感受到夏日里一股清爽气氛。"胸怀大志学为先，步步为营勤修炼。百尺竿头进一步，华山论剑在明天！"用简洁的韵律诗句陈述深刻哲理，驱散孩子们考前的焦虑。"只要平时落实了，不愁高考考不好；我难人难不用急，我易人易需仔细""不急不躁胜一筹，临阵磨枪更顺意""每天只需增一分，高校大门随你进"，句句名言，在学生高考前紧张时刻，像春风夜雨，安抚了孩子的心灵；如冲锋号角激励大家勇敢直面高考，从容应考。

4.诗画教育

感悟韵律方寸间，教育分享赋诗篇。弘扬人性真美善，传播先进教育观。把诗画与数学结合起来，诗画灵动，思维流畅，气氛活跃，神采飞扬。

我善于把教育活动中的精彩瞬间，用照片记录下来，结合自己的感悟即兴赋诗，并即时与大家分享。

例如，2016年1月，工作室成员抵珠海进行教育交流活动，参观了崔雅儒名教师工作室，我即兴赋诗《名师引领——访崔雅儒名教师工作室》："师大附中前景宽，名师儒雅领风范。教育科研特色鲜，人才辈出自摇篮。"诗中"儒雅"是崔雅儒老师名字的倒装，诗意褒扬了崔雅儒教师工作室的教育科研工作鲜明特色。此情此景此时，诗意灵动，掌声雷鸣，把教育分享活动推向高潮，共享教育盛宴。又如，2015年12月，工作室到广州市第八十四中学进行教育交流和课例探讨，我又赋诗赞该校校长湛志超《长洲赞歌——走近市八十四中》："教风严正精和善，求真图强众称赞。团结奋进举壮志，长洲教育敢超前。"诗中"严正、精善、求真、图强"是该校的校训，"赞"与"湛"谐音，"志"与"超"是湛校的大名。另一首《科研续篇》点评本次课例探讨活动："长洲绿岛兴科研，优秀课例呈眼前。有志者来畅分享，作业分层续章篇。"湛校在活动发言中，赞扬这两首诗体现了教育家的情怀。

似乎，即兴赋诗点评、现场照片配诗发微信和微博，活动报道增加诗歌、事后做成诗画专集，成为每次教育活动的必选程序。工作室成员陈石鑫等，也学会赋诗宣传教育活动。

我已经把近期的教育活动中的多篇诗画整理成集，成为工作室丛书之一，内容包含《有志者来》《教育分享》《南粤教缘》《神州游记》《与你同行》和《流金岁月》等部分。

(三)真心投入 大胆放手

班主任工作的最高境界,是走入学生的心灵,真诚爱护和关心他们的成长,宽严相济,成为他们的朋友;使孩子们学会自我约束,逐渐放手,让他们主动成长。

1. 真心投入,情感相通

班主任工作,情感教育尤占重要地位。在学校,班主任和学生接触最多。孔子说:亲其师,信其道,乐其道。要使学生"亲其师",班主任必须把情感投入到每个学生的身上。学生天真、活泼、健康、无邪,但心理承受能力弱,需要爱的抚摸。所以教师要经常地用爱心去引导他们,培养师生的感情氛围,制造"师生共鸣"的心理场,从而激发学生情感,使学生健康成长。

你班上的每个同学,会不会一见到你就大声叫"老师!",不管是在校内还是在校外,不论是"狭路相逢"还是在"大庭广众"。如果会,说明您的学生们和您十分亲近。否则,可能是敬而生畏。如果学生将您看成了最可信赖的人,他会每次都将心里话告诉您,甚至女同学身体不舒服向您请假,会向您说明真实原因。因为,她将您看成是她的长辈,十分亲近又最可信赖的人。

班主任工作是细致的,但最根本的是要有爱心。师爱,是教书育人的基础;师爱,是教师性格的组成部分;师爱,是学生个性发展的一股动力;师爱,是开启学生心扉的闪光钥匙;师爱,是点燃学生智慧火花的火石;师爱,是把"顽童"感化的源泉。的确,只要班主任充满爱心,就必定能当好学生健康成长的引路人。

关爱学生是我们教师职业道德的核心,是班主任工作的基本出发点。只有对学生真挚地爱,才能全身心地投入到工作中去。只有热爱学生,才能得到师生之间的心灵沟通,从而在师生之间架起一座信任的桥梁,学生把教师当作可以信赖的朋友,这样教师的教育就容易被接受。热爱学生最忌偏爱,偏爱不仅有损教师的形象,不利于学生的团结和学习，而且不符合师德规范。班主任应热爱班上的每一位学生并处处表示对他们的爱护和关心。理解学生要深入学生，从关心学生入手。这样要求班主任要做到了解班上每位同学的家庭情况，了解学生的学习情况和心理状况。对学生关心，他们会以努力学习来回报。真心投入吧，好心一定会得到好的回报！

2. 感化教育，宽容孩子

苏霍姆林斯基说过："有时宽容引起的道德震撼比惩罚更强烈。"宽容绝不是不讲原则的包庇和迁就，也不是姑息、放纵，而是教师用心灵去感化、教育学生的一种有效方式，是相互尊重、相互信任的新型师生关系的表现。高中学生虽然年龄大的也有十七八岁，但他们毕竟还是学生，正是接受教育阶段，没有必要也不可能用成人的标准来要求他们。对学生要多一次耐心说服教育，以情激情，少一次简单训斥。独生子女容易被感化，更容易形成对立情绪。多一点慈母般宽容，少一些苛刻计较。正因为他们还不成熟，所以才需要学校教育。在你循循善诱、百教不厌之下，他有可能成为下一个"诺贝尔""华罗庚"。多一些亲近关怀，放一点架子。尊重学生，学生会更尊重你。少一些指责、约束，给他们多一点"自由空间"，使他们多一点自尊、多一点自信。以强制的和粗暴的方法使学生服从命令，只能把学生变成驯服的羔羊，或者使他们带着不满从紧张、回避走向对立、欺骗。只有在民主、平等、自由、宽松的环境里，学生才能感觉到尊重和爱，从"客体"变为"主体"，主动发展；才能勇于质疑，发表自己的见解；才会变得生动活泼，放飞想象力，大胆创新，成为个性鲜明的具有创造精神和创造能力的人才。

有一年，在高二时，我任班主任的班上有一个姓尚的男生，性格倔强、暴躁，多次与同学打架斗殴，累教不改，学校已给过警告、记大过、劝其退学等处分，这次学校拟定给勒令退学处分。他父母对他更是无可奈何。学生的父亲苦苦地哀求我："请帮找学校领导求情，再给最后一次机会！"对于这个学生我几乎也是丧失信心，但是我考虑到如果学校将他推出校门，他可能很快就会进劳教所的门；如果教育得法，他则可以成为有用人才。我便对家长说："家长的心情可以理解，但关键是学生自己诚心认错，并下决心彻底改错。"在家长的配合下，学生进行了书面与口头检查，态度还算诚恳。我顺势利导，对这个学生说："国有国法，校有校规。你累教未改，本应被勒令退学，但考虑到你父母一片苦心，你也诚心改错，我答应去向领导说情。这次打架是那个体育生找到我们班寝室且先动手的，主要责任不在你。如果学校领导再给你一次机会，万望珍惜!"在老师、家长和同学们的帮助下，该生幡然猛醒、痛改前非，毕业前没有再犯错误，学习十分努力，学校撤销了对他的处分，最后他以优异的高考成绩被重点大学录取。

班主任要循循善诱，引导学生摆事实、讲道理，分清是非，明确方向，提高思想认识，进行思想教育要以理服人。学生的思想问题大量属于认识问题，对学生教育应采取"团结—批评—团结"的方法。对学生无论是激励，还是批评，都应使他们明白道理。这并不是对学生的错误言行放纵、容忍，而是剖析说理，使学生心服口服。如果班主任不采用说理方法，而是采用体罚、变相体罚、大声训斥的方法，其结果就会适得其反。因此，引导学生坦露思想，武装头脑，接受正确的思想观念。思想教育的形式有课堂讲授、专题讲座、讨论会、个别谈话和写评论文章等。学生毕竟是孩子，不管采用哪种形式，教师需要多一点耐心，多一点宽容之心，动之以情、晓之以理、导之以行。

3. 培养自治，大胆放手

苏霍姆林斯基曾经说过："真正的教育是自我教育"。这句话说明了教育的真谛：教是为了不教，管理是为了不管理。班主任要明确一个观念：教会学生自己管理自己，才会有真正的管理，才有助于学生各种能力的培养，提高全面素质。为此我认为，科学管理班级应该依靠班级的主人——学生。学生要早日成材，首先要让他们学会自我管理和自我教育。一个好的班集体，必然有良好的班风和优秀的学风，而它们的形成，只有依赖于每一个学生。

著名教师魏书生曾说过："我这个人很懒，总让学生自己试着干，实在不行了，我再去帮忙。"正因为魏老师"懒"，他的学生才比其他学生勤快，比其他学生能干。魏老师的"懒"，让学生失去了依赖的主体和对象，直接培养和锻炼了他们的各种能力。

教师的职责是：一切为了学生，为了一切学生，为了学生的一切。为此，在平时教育中要始终强调"每个学生为自己负责"意识。要让他们自觉认识到自我管理和自我教育的重要性，并上升为一种自身的需要，为以后的工作和生活，积累一笔享用不尽的财富。学生主体意识越强，他们参与自身发展和参与班级管理的积极性、自觉性就越大。班主任工作的难度和强度越小，班级的秩序就越好。

我所教班级的班干部采用两班人马，轮替值班一个月。这样既可以让更多的同学参与管理，得到锻炼，又使他们互相交流，互相激励，促进班级管理自主化，调动了全体学生参与的积极性，可以培养一批思想端正、工作负责、学习优良，且有一定管理能力的骨干学生。同时，让每一个学生都意识到自己是班集体的主人，同时也是自己的主人。培养和提高他们自我管理、自我教育的能力，从而提高他们的综合素质。

培养学生的主体意识，提高学生自我管理的能力，并不意味着班主任可以放任自流，撒手不管，而是要求班主任充当幕后指挥者，做顾问。例如，期末评优就是让学生干部按要求组织评选，但我要求把结果给我过目后再公布、填表。其中，有一个同学学习成绩在年级前列，票数也较多，拟定为三好学生。但这位同学早上到校经常迟到，经过多次谈话还是有迟到现象。我看名单后，就给班干部建议，将这位同学从"三好学生"换成"学习成绩优秀学生"。当然，班干部也乐意"接受"了我的建议。

班主任可不在前台，但一定要在幕后，并做好充分又细致的思想工作，及时策划，引导学生开展工作，让他们完成自我管理班级的过程。逐渐放手吧，他们终究要成材，您大可以从"台上"转向"地下"，大胆放手，何乐而不为？

（四）真情关爱　严谨治学

日复一日站讲台，

年年届届不尽同。

送走成千学子去，

又迎新生满堂红。

教师只要倾注热情，真情关爱，学生会在千里之外尊您是"恩师"，对您衷心祝福，永不忘怀，您会感到您是天底下最幸福的人。您严谨治学，学生学有所成，您的学识和业务能力也不断提高，也许还有两篇学术论文公开发表，得到社会承认，您会有满满的成就感和成功的喜悦感。

1. 教书育人，真情关爱

我们的教学对象是活生生的人，而不是没有感情的物。随着时光的迁移，教学内容有一定的改变，教育对象一届一届地循环，学生思想状况不尽相同，高考内容和热点问题在斗转星移。所以教学工作并不是一项简单、枯燥、机械、重复的劳动，而是具有创造性的高级脑力劳动。潜心教学，乐在其中。

教育家陶行知有句名言："千教万教，教人求真；千学万学，学做真人。"教书育人是教师神圣的职责。让学生能考高分，上好大学，这是教师工作的一个方面；另一个方面，教师的言行为人，对学生的思想品行产生直接或间接的影响，这就是育人。您不一定是某些学生成才过程中最重要的严师慈父，但也许因为您某一次挖苦一个学生或武断地停了他的一节课而刺伤了他的自尊心，他就破罐子破摔。由此看来，育人并不仅仅是政教处和班主任的事，也是每个任课教师的责任。学高为师，德高为范。教师，在您的学生眼中您不仅应是一个学识渊博、教学严谨的高师、严师，更应是一个可信、可敬、可亲的长者、慈父。这样，学生会更认真地、更主动地、更投入地学习您所教的课程。反之，您讲得再好，也只是一头热、独角戏。

高中生毕竟还是学生，虽然年龄大的也有十八九岁，但没有进入社会还不能算成人。教师对学生的要求应严而有度，没有必要也不可能用成人的标准要求他们，要像对待自己的子女一样真情关爱。对学生要多一次耐心说服，少一次简单训斥。独生子女容易被感化，更容易造成情绪对立。多一点慈父宽容，少一点苛刻计较。正因为他们还不成熟，所以才需要学校教育。多一点亲近关心，少一点架子，多一点温暖，少一点冷漠。"要人敬的，必先自敬，重师首先师自重"。尊重学生，学生会更尊敬您，您在学生中的形象会更高更大。复读生年龄大些，更要晓之以理，动之以情，关爱感化。

1999届，有一次因少数学生迟到，我在全班发了一通脾气，过后我又担心造成部分学生与老师情绪对立。第二天，课前我向全班同学表示了歉意，说明不应该因少数同学的缺点而发全班同学的脾气，影响上课。事后，一个同学在作业本里夹了张纸条写道："贾老师，您因为一点小事还向同学们道歉，大家都很感动，敬重您严于律己，心胸宽广，我们以后一定会自觉遵守纪律的"。

人上一百，各种各色。让教师哭笑不得的事时常发生。每学期期末放假前，学生将老师一个月的工资能借光。不借于心不忍，借了覆水难收。1999届的一个学生，两次共借三百元钱。他家里确实困难，三间土砌瓦盖的房子已裂开走形，没钱修理。不过这些学生平时还较听话，毕业时学生与家长都有一句话："将来有钱一定还。"其实，我也没有指望他还。刚送走的补习生中有一个学生，在年内借五十元钱没还，年外催他交资料费、高考报名费时，他不但不交，还煽动其他同学说："上一年复读时我就没交一分钱，他催钱就向他借。"据了解，这个学生家境并不穷，但品行稍差。我耐心地对他批评教育，与年级配合使他高考前交齐应交的费用，不领情的学生毕竟是个别的。

那年夏天，我与一中的两个同事到泥嘴镇走访学生，做向导的2000届文科班一个叫兰英的同学对我说："贾老师，我听说过您，您对学生很好"。我笑着说："我没有教过你，你怎么了解我呢?"她说，从同学们的相互谈论中知道的。这件事对我感触很深：学生对老师的评价不仅仅在教学上，也不局限于亲自教过他的老师；学生、家长和社会都在关注一中，教师是一中对外形象的窗口。

2. 严谨治学，重在落实

现就高考备考谈谈自己的体会，仅供同行参考。

(1)目的明确，各有侧重。

明确高考备考中各个阶段的主要任务，突出重点。在第一阶段系统复习时，应以课本、主复习资料为根本，以教学大纲、考试说明为指导，侧重对基本概念、基本知识和方法的理解和落实，宜慢、细、全，挖掘到位，并注意规范严谨，辅之以单元小结和单元训练，不宜进行频繁的综合套题训练。阶段考试以检测前期复习过的内容为主。

在第二阶段专题复习时，侧重于高考知识重点、热点和数学思想方法进行讲解，以中档或中档以上的综合题为主，并注意专题性归纳和总结，配之以综合训练，训练以前一年高考模拟题为主。

在第三阶段模拟训练时，以新的信息题为主，针对性训练不仅要注意题型、时限、热点训练，更要重视学生考试心理适应性训练。对信息题要进行研究、精选。

(2)重视过程，淡化结果。

①步步为营，环环相扣。平时教学一步一个脚印，抓好每个教学环节，重评讲，重通性通法。淡化窄用技巧，少搞独门绝招。

②驾驭教材，紧而有序。没明确要求做的题，不抛给学生；不打算评讲的内容，不让学生做，不在乎多做两套题；认为好的内容，一定给学生补上，认定不好的题目，必事先删掉。

③重在平时，忙而不乱。不占用学生课外时间，也绝不拖欠学生一节正课。偶尔开会或因公外出，我都要预先安排好，一般情况调课事后一一补上。不会无人指导去让学生自习一节课。偶然遇事迟到几分钟，必向学生解释，表示歉意。

④精讲精练，提高素质。仅过省线已没有什么实际意义。以前那种基础较差的学生也过省线，而功底硬且聪明的学生也少不了名校的"多讲多练""题海战术"，已不适应在新形势下"出活题、考能力""有利于选拔人才"的高考导向。

(3)相互学习，共同提高。

①加强校际交流，同行多切磋。这既是相互学习的机会，也是扩大学校对外影响的一个方面。

②新老协作，集体优化。年轻教师精力充沛，反应敏捷，是学校的明天。年轻老师要主动、虚心地向老师学习，及时掌握教学常规，并尽快形成一定的特色，成为教学骨干。老教师教学备考经验老到，是学校的财富。老教师要直接或间接地多教年轻老师几招，并创造机会让他们崭露头角。同时，老教师也应不断充电，完善自我，更新知识、观念。新老教师相互学习，形成风气，以老带新，以新促老，通力协作，集体优化，进一步提高师资整体水平。

(4)恰当标高，注意拔尖。

在全校师生共同努力下，2000 年高考过省线的超过 1200 人，成绩辉煌。数学总的看来考得也不错。我除了数学教学、当班主任，还负责学校教务工作，任务重，但教学没受影响。班上参加高考的 119 人中（其中有 16 人是两次复读），数学过市线 89 分达 108 人，过线率最高。

高考过后，对备考问题有必要进行反思。关于教学标高问题，提出与大家商榷。我个人认为，兼顾了 100%，等于让 20% 较优学生睡大觉。学生多，首尾兼顾，很难把握，到头来可能造成首尾不顾的结局。2000 年，高考复读生上省线均达 95% 以上，但优生不尖就是一个例证。我个人认为，备课、选题以 80% 左右的学生为准就可以了。20% 后进生让他们垫脚够一够。对于少数拔尖学生，有必要进行个别学法、心理指导，不妨给他们加点学习任务。

只要全校上下精诚团结，协同作战，转变备考观念，教书育人，真情关爱，严谨治学，注重落实，恰当标高，注意拔尖，大批的优秀人才一定会脱颖而出。一中成为全国示范性高中，将为时不远。

（五）立德树人 为人师表

2014年9月，我应邀做客在广东电视台现代教育频道"教育热点面对面第24期广州好教育进行时"栏目访谈，与广州市教育局、广东省中小学领导专家共话教育，探讨了好教育好教师应具备的素质。

教师的专业包括两个专业：一个是学科专业，另一个是教育专业。学科知识方面强调的，是任教学科的学术水平。教育专业指的是教育学科的专业素养，这是教师教育中师范性的体现，也可以说是教师工作的特殊性，是该职业对从业人员不同于其他职业的特殊要求。

教师这一职业角色、职能的转化由传统的"传道、授业、解惑"转为教育活动的组织者、设计者、合作者。教师要想获得持续发展，适应教育变革及其新要求，仅仅做一名"学习者"是很不够的，更需要教师有能力对自己的教育行动加以反思、研究、改进，也就是要树立"教师即研究者"的专业发展理念。

对于自身的专业发展，我有以下几点不成熟的想法。

1. 进一步提升专业能力，增强个人发展内驱力

教育是一种以人格来培育人格、以灵魂来塑造灵魂的劳动。而高尚的师德来自坚定的教育信念，这种信念是教师的精神追求和奋斗目标，是教师提升素质的关键所在。教育信念的集中表现是教师对教育工作的高度责任感和强烈的事业心，它具有专一性、稳定性、执着性等特点。教育信念一经确定就难以改变，从而造就教师特有的道德人格。一个教师只有当他认识到自己从事的事业对祖国和人民是一种不可推卸的责任时，他才会不遗余力地去干好它，才会在教育工作中干出一番事业。

对学生负责意味着对学生终身负责，教学生几年，却要对其几十年发展负责。要精心打造学生在未来社会生活和竞争中立于不败之地的核心素养：民族精神、社会责任感、科学与人文素养、创新精神与实践能力等。那种只注重学生眼前成绩和考试名次的态度和行为是不负责任

的。教师专业发展是一个过程，是教师朝着一定的专业目标，不断追求和成长的过程。它不仅包括专业知识、专业技能的发展，更重要的是专业态度、专业信念、专业情感的不断更新和完善。教师专业发展的关键就像学生的学习一样，是自主发展，要有成为名师、成为教育家的理想。

2. 养成反思习惯，在反思中不断成长

不断反思教育、教学行为、教学方法和教育思想。具体一点，每一节课后，我们要反思对教材内容的把握是否准确，有没有更好地促进学生课堂参与的设计；反思教学方法是否适宜该层次学生，教育结果是否如愿；针对学习困难的学生提出的问题，我们要反思其思维的障碍在哪，如何帮助他们冲破这些障碍；听课、教研之后，我们通过研究别人的教学长处，学习比较，反思理念上的差距，解析方法上的差异，从而提升自己。反思自己的意志和工作热情有没有褪色、老化，有没有对同事、学生和社会，起到表率与引领作用，是否跟上了时代的潮流。就目前来说，我在努力做。从教近 40 年，我一直坚守在教育教学工作的第一线。十二年前，我在湖北已经有过国家级骨干教师、省级特级教师、省级优秀教师等荣誉。融入广州教育后，我也一直没有闲着。十二年如一日，一路陪伴着广州市第八十六中学。我满负荷工作，每个学期带两个班的数学课，还兼班主任或年级长等工作，或领衔广州市特级教师工作室主持人。始终坚持在教育教改实践工作的第一线，为教育教学研究获得直接的感性材料。我只是做了我应该做的事，党却又给了我无限的荣誉。2006 年，我被授予广州市优秀教师；2012 年，我被授予南粤优秀教师；2013 年 1 月，我被认定为广州市首批特级教师工作室主持人；2014 年，我被授予全国模范教师。

3. 坚守教育工作第一线，用自己的人格魅力影响周围的人

对于教育工作者而言，坚守基础教育的使命和责任不仅是口号，更是神圣而迫切的实际行动。没错，"教师是太阳底下最光辉的职业"。选

择了教师就意味着选择了奉献和责任。我们要造就千千万万适应时代需要的人才，其根本保证在于建设一支德才兼备、忠诚于人民教育事业的教师队伍。

我眼中优秀教师的标准是：为人师表，敬业爱生；与时俱进，理念更新；善于合作，惠及同人；追求卓越，学习终身。

我要认真办好特级教师工作室，引领工作室成员专业共同发展，构建一线教师成长的平台。我打算，在近期赴身边的一线教师的工作室去参观学习，加强自己工作室的建设，构建中青年教师成长的平台，与他们一起，提升教育理论水平，进行教育课题研究和教学案例探讨等。我也期望在我的身边，涌现一批热爱教育、乐于奉献、扎根一线、理论与实践密切结合的优秀教育同人。

三、备战高考有妙招

（一）平时当高考　高考如平常

高考和模拟高考前，对考生进行考前准备和心理状态指导，很有必要。平时当高考，高考如平常。

1. 考前复习

高考前，主要把精力放在回归基础重要的知识、方法、原理、技巧上。看书上的目录、标题，在脑子里进行复习、回忆，把生疏、重点的内容着重复习，已熟练的内容可"一带而过"；重温自己以往整理的提纲、图表、考卷、公式、定理及总结；在考前一周，考生主要应该进行一些提纲挈领的复习，特别是检查一下重点内容的掌握情况，如老师明确指定和反复强调的重点内容，自己最薄弱的、经常出错的地方。考试前人的精神往往高度集中，理解力和记忆力在短期内急剧提高，因此，在这个时段内应该加强记忆方面的知识，如历史、地理、政治、英语等，但是也不可过度紧张而耗费考试时的精力。考前一周考生宜看书而不宜多做题。每天每科做 3～5 道基本题、1～2 道中难度题就可以了，这样既巩固一些重点知识，不生疏，同时也可以增强信心。另外，在考前 3 天：这个时间很多学生认为万事大吉，完全不沾书本，这是十分错误的。重要内容虽然已经掌握了，但还是要适当浏览一下，如历史、地理、政治的基本知识，语文的文学常识，英语的单词，数学的公式，物理和化学的重要原理、公式、方法及生物的重要结论等。对自己已经考过的试题应该看一看，把经常出错的地方再强化一下，适当地做一点"热身题"，保持良好的竞技状态。所以，在考前 3 天还要适当地翻阅一下书本，这样做不仅使这些重点内容始终在大脑中处于待提取的激活状态，而且可以使自己心里踏实。在这 3 天，还要特别注意调整自己的心理状态，不要把弦绷得太紧，应该适当地放松自己，如通过散步、和家人聊天、听音乐等方式调整自己的心态。

2. 睡眠的调整——规范睡眠

遵守一般的睡眠卫生，逐渐调整生物钟。

第一，使生物钟与高考同步，特别是提高与高考科目相同的时间段的做题效率，扭转夜间做题兴奋的习惯。

第二，定时睡觉，定时起床，维持每天 6～8 小时的睡眠时间，中午午休 30 分钟左右。

第三，每天有适量的运动。

第四，睡觉前做轻松的活动，保持舒适的睡眠环境。

第五，集体宿舍的同学，睡前互道"晚安"，一定要及时入睡。

第六，避免饮用浓茶、咖啡、可乐等刺激性饮品。

第七，晚上睡前避免参加令情绪兴奋的节目，如听广播、聊天、玩游戏、看电视（电影）等。

3. 高考前的心理状态调整

高考前和高考中，每个高三的学生都会感到巨大的压力，这是必然的。考前适度的紧张和压力会促进学生全面、认真地复习，从而达到良好的考试效果。但是，也会造成一些同学过度地紧张、焦虑和慌乱，以致影响考试水平的正常发挥。所以，高三学生必须注意高考前和高考时的心理调整，如果采取科学的考试策略，就能在高考中取得理想的成绩。

（1）正确认识高考。

确定合理的目标，正确地认识高考，有助于我们进行针对性地复习。高考是一种分层筛选型的考试，其目的就是将不同水平的学生分别筛选出来送往不同层次、不同水平、不同类型的高校进行学习。因此，高考试题有一定的区分度，一般而言，基础题30%，中难题50%，高难题20%。有的同学对高考试题难度估计过高，在偏、怪、难等题型上大做文章，结果忽视了对基础知识的掌握，在考试中小题不会做，大题也做不来。

（2）保持平常心，缓解考试焦虑。

考试焦虑是一种临考前常见的内心感到紧张的情绪反应。经验表明，焦虑程度过高和焦虑程度过低时的效率都很低，而中等焦虑时的效率最高。所以，适度的考试焦虑有利于提高学习效率和学习成绩。一般而言，考试焦虑是各种压力和个人的性格等因素造成的。高三学生在复习中应该保持平常心，缓解考试焦虑。

（3）保持考前积极状态。

在考前一天，仍然有事要做，不要认为"万事俱备，只欠东风"。在这天应注意以下问题：第一，注意自己的饮食，考前一天应该遵循自己平时的饮食习惯，可以多加几个菜，适当增加肉蛋类食品，但不要为了补充能量而暴饮暴食，以免消化不良，直接影响第二天的考试；第二，不要参加剧烈的运动，以免体能消耗过大或发生其他的意外，从而影响第二天的考试。决不能玩棋牌、上网打游戏，以免过度兴奋。适当的放松和休息应该是最后一天的主旋律；第三，熟悉考场，做到心中有数；第四，要认真检查考试用品，如黑色签字笔、三角板、圆规、铅笔、橡皮、半圆仪、小刀等，还有准考证，在纸上列个清单，把以上所有物品装在结实、厚而透明的小塑料袋里，每天出发前，对照清单检查一下；

第五，如果有的同学不看书心里就不踏实，还要临阵磨枪，那就不妨把第二天所考科目的课本随意翻阅一遍，但不可太动脑筋。如果有的同学不愿再看书，那就听一些轻松欢快的音乐，以放松一下自己；第六，严格按照平时的作息时间上床睡觉，不应太晚，也不宜太早，以免太早或太晚上床而又不能及时入睡。睡前可用温水洗脚，以帮助自己睡眠。

4. 临场心理状态调整及考试策略

在高考中如果能够调整好心理状态，并采取正确的考试策略，那么就能考出理想的成绩，甚至超水平发挥。

(1)提前到达，从容应对。

一般在考前20分钟到达考场，太迟会来不及安心定神，进入考试角色的心理准备时间太短，有可能导致整个考试在慌乱中度过，造成不必要的失误。

(2)调整心态，沉着应考。

当考生来到考场后，进行简单的放松训练，如做几次深呼吸，然后暗示自己："我的状态不错，一定能取得好成绩。"在考前几分钟应该自己安静独处，不要再和别人讨论知识上的问题，以免破坏自己胸有成竹的感觉。考试中个别学生由于精神过度紧张等出现心跳加快、血压升高、焦虑不安、面色苍白、头晕目眩、腹泻气喘、尿频、注意力涣散、思维迟钝、反常遗忘等生理情况，出现这些现象是正常的，如若出现上述状况，可以握紧拳头，一紧一松，体验紧张松弛的感觉，这样既可以转移注意力又可让自己有所放松；暂停答题，闭上眼睛，深呼吸，意念"停""放松"；重新审度卷面，规划答题方法与技巧，临危不乱。

(3)浏览全卷，制订答题方案。

答题策略：简单题分秒必争，中难题志在必得，高难题量力而行。高考时一般是提前5分钟发卷，考生应充分利用好这5分钟，首先把整个考卷浏览一遍，对题目难度、题量、题型、答题要求、分值等做到心中有数。然后确定自己的答题方案，即对自己答题的顺序和在各个题目上的时间分配做出全局性的安排，同时还应预留检查全卷的时间。浏览全卷可以对所有的题目在头脑中留下一个印象，在答题时有助于各个题目之间的相互联想，这对于开阔思路，消除记忆堵塞现象有好处。在浏览全卷的过程中，发现自己熟悉的不要过分狂喜，发现自己不会的也不要过分紧张，要保持镇定的心态，应该想到："我难人亦难，我易人亦易。"还有要特别注意答题卡的类型，是横式还是竖式。

（4）审清题意，细心答题。

做题前首先要认真审题，审题做到三个字"准、快、全"，以准为基础，没有准，做得越快错得越多。明确题目要求，避免盲目答题。审题的内容包括：看清题型和题目的具体要求，还包括审准题目所提供的信息。尤其是文科课程的考试，能否从阅读材料中准确地找到所需信息，合理演绎，大胆猜测，反复推敲词意句意，往往是答对题目的关键。在答题的过程中，有的同学没想妥当就匆忙地在试卷上填写，然后改来改去，既浪费了时间，又弄脏了卷面。有的同学则过于谨慎，什么都要在草稿纸上写得清楚明白，然后才在试卷上填写。考试时间十分有限，许多题目没有时间打全稿，特别是一些大题，在草稿上写出答题思路或提纲后，就可以在试卷上直接书写。

（5）先易后难，合理分配时间。

高考试卷的安排一般是从易到难，所以做题时也是按题目顺序做，只要时间安排合理，最后检查试卷的时间是足够的。但问题不是绝对的，每个人掌握知识的情况不同，答题的模式也不是一成不变的。有的同学遇到难题后就一心要把它做出来，忘记了后面还有很多题等着要做，浪费了太多的时间，造成心理上的紧张，许多能够做的题突然不会做了。正确的方法是先易后难，合理分配时间。先易后难的答题方法有利于消除紧张，逐步提高自信，以饱满的精神和较佳的思考水平来攻克后面的难题，避免完全按顺序答题时不停地遇到难题，不停地产生紧张焦虑心情，最后会阻碍思维水平的正常发挥。在时间分配上，要注意对整个试卷的完成时间做出统筹安排，最后必须安排5~10分钟的时间进行检查。写字在清楚的基础上力求快。

（6）镇定自若，忙而不乱。

在考试中可能不是所有的题目都是自己熟悉的，总会遇到许多困难。利用发散性思维，一道题一个思路解决不了，换一个思路。考试中经常遇到的困难主要有两类：一是记忆卡壳，平时会做的题，记得很清楚的知识，忽然忘记了；二是题目难度太大，一时间不知道从哪里下手。遇到困难时首先是不要紧张，因为上述两种情况往往是由太紧张、太兴奋造成的。正确的方法是：先放下这些题目，去做一下其他的考题，或者去检查一下前面已经做完的与之相关的或类似的题目，看能否从中找到提示，或者回忆一下自己曾经做过的例题，或者回忆一下相关的知识，寻找突破口，以退为进；或者干脆把考试中其他的题目全部做完之后，再把这道题当作一般的练习题来做，没有了后顾之忧，就可以集中精力重点突破。在考试中，切忌赌一时之气，不顾时间和其他的题，无原则地蛮干。这样，想得高分，恰得不了高分，可能偏低。

（7）草稿纸上打草稿演算。

切忌到处乱写，要按照一定顺序在稿纸上演算，便于做完题后检查演算是否正确。

（8）有目的地检查，把好最后一关。

全部题目做完之后，或者还有少数题目实在做不出来，在这个时候，应该抓紧时间对已经做出的题进行检查，根据学科特点，有目的地重点检查。检查的内容包括：答案的计算是否正确，书写是否有错误，答案的内容是否完整，要点是否突出，阐述是否清晰，选择题的答案是否正确，答题卡的填涂是否正确，题号与答案是否有错位的现象等。全部试题答案检查完毕后，还应该检查一下姓名和准考证号的填写情况。

对待高考，我们要强化信心、优化情绪，战略上"藐视"试卷，战术上重视试卷。特别对简单的题一定不要马虎。相信自己，有实力有能力应对这次人生的挑战，成功是属于有准备的人。

（二）全面关注　陪伴成长

高三是学生高考冲刺的一年，备考紧张是不言而喻的。然而，高三的老师需要陪伴学生，牺牲许多节假日时间。其他年级老师在寒假休息三周到四周，而高三老师也许只能放几天假，比高一高二多上了三周多的课。

1. 阶段任务明确，各有侧重

阶段任务表如表2.3所示。

表 2.3　阶段任务表

开学至一模前	系统复习，讲练结合；专题归纳，形成网络；关注全体，不留盲点
一模后至二模前	强化模拟，注重评讲；查漏补缺，颗粒归仓；突出重点，综合提高
二模后至高考前	回归课本，回归基础；心理模拟，临战实操；关注热点，用好信息

2. 加强励志熏陶，调整心态

（1）准备"百日誓师"大会，请各班准备好誓词，使"百日誓师"成为同学们在高考冲刺前的冲锋号、兴奋剂、加油站。具体时间可安排在市一模之前。

（2）利用醒目的条幅标语激励学生的斗志，利用课室板报和标语，书写贴励志名言，时刻勉励和熏陶每个学生。开学第二周可检查评比。

（3）增加对班集体的奖励，促进群体奋进。级组准备按值班记载，对出勤好的班级进行奖励（重点班选两个班，平行班选四个班），以后还要对学习进步大和在活动中表现突出的班级给予奖励（资金由家委会筹备）。

3. 合理分配时间，学科协调

在一模前加强限时训练，四科轮流。周二下午第7～8节综合科；周三、周四、周五第8节，分别进行英语、数学、语文训练。综合科可以分卷、合卷交换训练。

4. 加强过程管理，密切配合

（1）充分发挥班主任的工作积极性和主动性。

建立良好的班风、学风，进一步搞好日常管理工作。任课教师则积极配合班主任，发现问题及时向班主任反馈，注意配合班主任做好对个别特殊学生的情况的了解和疏导、教育工作。加强与家长的沟通与联系，也可以召开部分家长专题会议，解决特殊问题，使家长能够在学校的教育工作中起到积极的配合作用。特别是平行班要靠守望。为了学生，请平行班的班主任加强早上、中午课前督促、抽查，配以学生思想工作，保证学生出勤，烘托紧张气氛。

（2）请各科老师加强集体备课落实。

备考就是以提高课堂教学质量为中心。精心备好每一节课，用心上好每一节课，细心批好每一次练习，诚心辅导每一位学生。做到备课全面，讲解精炼，训练得法，指导到位。在下午限时学生训练时间，请科任老师留守在教室，陪伴着学生。特别是下午最后两节和周六特殊的时段，请各科不要安排自习，让学生有具体、明确的学习任务。请科任老师也注意考勤，并及时反馈给班主任。

(三)伴随韵律 放飞高考

高考是人生履历中最为亮丽的一道风景线，人生没有高中生活的回忆是有缺憾的。高考是享受拼搏、奋斗人生的最佳时光。在高考的路上，老师与你同行，让铿锵激扬的诗歌韵律伴随你走向辉煌的明天。

炎夏清新

莫道君行早，
更有早行人。
备考早入手，
六科齐头进。

师生共勉励，
家长作后盾。
罗兰搭平台，

才晖传书声。

奠基求发展，
炎夏也清新。
规范加严谨，
稳步高考行。
于 2011 年高二暑假培训工作管理

为学生人生发展奠基，
为学生高考保驾护航。

构建安全卫生校园，
营造和谐教学环境。
于 2011 年高二暑期培训教学管理

新学期，新举措，师生共进，洒汗才能收获
高标准，高要求，教学相长，拼搏方能成才
于 2011 年高二下学生表彰大会

直面高考
心志决定命运，
态度决度高度。
微笑面对高考，
创造美好未来。

高考当前，大局为重；
思想和谐，凝聚合力；
步调一致，再创辉煌。
于 2011 年 8 月高三第一次教师大会

规范严谨

我的命运我做主，

何惧起早贪黑苦？

全力冲刺勇者胜，

规范严谨有神助！

今天多一份拼搏，

明天多几份风采。

人生能有几回搏，

此时不搏待何时。

2011 年 9 月高三第一次学生大会

步步为营

胸怀大志学为先，

步步为营勤修炼。

百尺竿头进一步，

华山论剑在明天。

于 2012 年 1 月高三惠州联考学生表彰

备考建议

第一，脚踏实地，坚忍不拔。

百尺竿头，更进一步；

逆水行舟，不进则退。

人生还有六十年，

高考不足四十天；

抓住每天每分钟，

高考场上定轻松。

第二，夯实基础，回归课本。

狠抓基础是成功的基础，

持之以恒是胜利的保证。

回归补缺很重要，

亡羊补牢不算晚；

每天只需增一分，

高校大门随你进。

第三，调整心态，从容应考。

考好不侥幸，

考差不沉沦。

保持平常心，

高考一定赢！

2012 年二模后备考建议

与你同行

严谨备考善疏导，

师生携手对高考；

面向全体大发展，

天道酬勤映实效。

有效备考抓根本，

关注临界架虹桥；

满园春色关不住，

鲲鹏展翅看天骄。

2012 年 3 月 26 日一模后

从容备考

反复模拟炼成钢，

高考从容如平常；
备考纵然千万难，
师生风发斗志昂。

狭路相逢勇者胜，
深挖潜能一气成；
查漏补缺返归真，
最后笑声更迷人。
2012 年 5 月 4 日二模后

沉着应考

我难人难不用急，
我易人易需仔细；
不急不躁胜一筹，
临阵磨枪更顺意。

因为平时落实了，
何愁高考考不好；
三次适应模拟到，
纵然高考仍逍遥。
于 2012 年高考前的祝愿

级长寄语

三年时光一挥间，
师生情谊绵绵延。
丝绸之路又启航，
征途捷报频频传。
于 2012 年 6 月下旬毕业典礼

四、家庭教育合力挺

(一)凝聚家校教育合力

学校应本着对学生负责、对家长负责、对学校发展负责的严谨态度，加强教育管理，凝聚家校合力，意义重大。

学生家长都是望子成人、成材。但大家是否都已经做好了怎样配合学校的教育，确保孩子成人、成材的三年一贯的规划呢？高中与初中学习、生活有什么相同和不同的地方？具体怎么做呢？家长准备了充足的费用是远远不够的，还有很多问题需要大家去思考，有很多事情等待家长来做。学校成立学生家长委员会可以有效地研究、解决这些问题。

1. 高中教育的特点和对策

(1)高中三年的各自特点和任务。

高一是基础：适应—养成—提高；

高二是关键：拓展—深化—超越；

高三是冲刺：强化—加速—决战。

高一上学期为适应高中学习生活，养成良好的行为习惯和学习习惯，下学期为提高阶段。

对策：家校合力，帮助学生过五关。

学生要有强烈的争胜心，拼争意识，时刻不忘学习，形成强大的自我约束力、自制力。对老师的教育指导、校规校纪，要绝对服从，像军人服从命令一样。

请家长经常给孩子以信心，并以身作则，通过行动影响教育孩子。高一新生就要开始自己为期三年的高中学习生涯，为顺利完成初中与高中的接轨，给即将开始的高中生活奠定一个坚实的基础。家长配合学校帮助学生过好以下五关就显得尤其重要：过好思想关、过好纪律关、过好学习关、过好生活关、过好人际关。

（2）初中与高中的对比和差异。

初中是义务教育，高中是非义务教育，收费和教育学生的方式不尽相同；高中按市物价局收取学费、杂费、书本费，代收学习辅助资料费，初中只收书本费；初中的学生没有开除的处分，高中学生的最大的处分是开除学籍；学习内容和方法上看，初中的内容浅显、单一，高中学习内容复杂、综合；初中是合格教育和选拔教育并举，高中主要是选拔教育等。所以中考题平均每科可以在 120 分左右，而高考一般平均每科在 90 分左右。前几年广东的高考数学平均分在 60 分左右，近几年在 80 分左右。学生在初中成绩好，到高中成绩不一定还是好。当然，起点低的同学，高中也可以成绩好。有的孩子在中考前突击一月，就能涨不少分而考上重点中学。在高中，如果不从高一开始努力，要想考上理想的大学还是有一定难度的。

由于新教材试行，不少科目的初高中教材的衔接难免有问题。如数学的二次不等式、十字相乘法、配方法、抛物线、平面几何有关定理等，能早点补上最好。

对策：从高一抓起，从现在抓起。

强化学生学习行为习惯的培养，为提高学习成绩保驾护航。高中学习科目多，基础年级考试科目就有九科，高考有六科。习惯影响个性，细节决定成败，要想在高考中取得优异成绩，必须从高一抓起，从高一学生的学习习惯抓起。我们要求，只要学生在，就有班主任或老师在，就有学校领导在。学校领导、班主任老师的作息时间与学生同步。老师这样做的目的就是让学生养成进班就读书，进班就做作业，而且做作业时还必须安静，不得讲话，形成良好的学习习惯。每天都有值班领导与值班教师检查老师的上课和学生的自习情况，以督促学生养成上课专心、做作业专注的习惯。良好的学习习惯养成了，何愁考不上大学？

2. 整合家校资源，凝聚教育合力

成立学生家长委员会，为学生的成功奠好基、起好步。

各位家长，我们在社会上担任的角色虽然不同，但我们现在的目标任务是一致的，那就是学生的健康成长与成才。一个学生是否成才，或许对我们来说，是八百分之一；而对于一个家庭来说，则是百分之百。因此，为了我们共同的目标，我们必须携起手来，凝成教育合力，激发学生不断进取的潜能，为收获高考而共同努力。整合家校资源的第一步是家长参与班级、年级管理，成立学生家长委员会。学生家长委员会成立后的工作和任务将进一步明确和落实。计划高一每个班成立由家长组成的班级家长委员会，从班级家长委员会委员中推荐一位到年级家长委员会。先把班级家长委员会成立，逐步成立年级家长委员会。

3. 对家长朋友的建议

（1）帮助孩子树立信心。

信心是获得成功的第一步，一旦失去信心，外在的努力与压力只能给孩子增添负担。因此，家长看到成绩，拿到试卷，要尽可能地看到孩子的进步之处，多关心孩子的学习内容和实际进步程度，多询问孩子最近学习了什么，掌握得如何，而忌质问孩子考了多少分，第几名，与第一名相差多少；忌说你怎么这么笨，你不要去读了。对于存在的问题，家长要静下心来，耐心地与孩子一起商量，分析原因所在，指导孩子制定、分解几个容易达到的小目标，这样可以使孩子感觉自己能够做到，从而有利于孩子发挥出潜能。孩子只有具有了一定的自信心，才会自觉主动地去学习，要使孩子每天都感觉到他在学习上取得了一定的进步，哪怕是改正一个缺点，慢慢让孩子感受到学习的乐趣。

（2）支持、配合学校的落实各项制度。

如果学校明令禁止携带使用手机等物品，孩子提出要购买的理由肯定会很充分：与家长联系、听英语歌曲。家长不要一听感觉有道理就帮他买了，其实这是在害他。学校的每个课室的多媒体平台十分先进，视听效果很好。学校里有好几部公用电话，最近又装了几部，如果有急事，班主任都会通过家校通或电话直接告诉家长。学校代学生保管的手机，就是同学间互相打电话、发短信，而且是不分上课下课使用的。有的学生与异性同学发短信发到凌晨一两点，其内容也不健康，真正是既分心又分神，可以说学生携带手机对提高成绩有百害而无一利。学校的每次大型考试成绩，一般在考完的下一周，就会发成绩表给学生，班主任会要求学生让家长看后签个回执。不管学校的什么回执，都请家长认真填写，不要认为工作忙就随便写写。其实在孩子心中，你认真写了就是对孩子的一种关注，一份关心，这也是家校联系的一个途径，让我们的班主任知道家长的一种期望。学校、班级的好多通知、注意事项都会通过这种方式告诉家长，家长也可以通过短信形式回复。此外，家长要提醒孩子要牢固树立安全意识，遵守交通法规，身上不要带大量现金，不要带贵重物品进校。

（3）加强与班主任老师、任课老师的联系。

家长可以通过家校通以发短信的形式，把建议、设想反馈给老师；也可以直接打电话给老师，询问孩子最近在校的表现，也可以对老师说说孩子在家的表现；我们更欢迎家长朋友能利用空余时间来学校与班主任、任课老师沟通。老师、家长、学生三方，这样面对面的沟通，对学生的成长更有针对性和实效性。

（4）建立和谐的家庭关系。

孩子回到家，家长要做表率，多花些时间与孩子说说话，尽量不要在家里搞一些娱乐活动；尽量不要在孩子面前议论老师，尤其不要在孩子面前贬低老师。总之，对孩子在生活上关心多一点，思想上沟通多一点，言语上表扬多一点，餐桌上营养多一点，客厅里笑声多一点，家务让孩子做得多一点，让孩子在爱的阳光和责任中健康成长。

（5）家校分工合作，密切配合，不要出现管理真空。

请各位家长把孩子晚上是否住校、中午是否在校在班主任处做好登记。学校要求，住宿生在周日晚7点前到校，一般不得迟到、不得请假。走读生中午要么在学校就餐，中午在课室休息；要么回家午餐，在家休息，杜绝在外午餐、闲逛。请家长安排好孩子的周末活动。稍有不慎，在校老师的五天教育，敌不过出校周末两天的影响。安排好孩子的周末两天时间和走读生每晚的学习，是孩子成功的关键。家长的工作再忙，也要安排好孩子晚上和周末的活动。关于如何安排孩子周末活动的问题，也是学校目前难以解决的一个问题。我建议把它作为家长委员会的一个研究课题。

请各位家长注意，千万要注意，也许因为你的疏忽，孩子中午没有回家，上网成瘾；也许孩子周末与几个没有上高中的朋友去闲逛，浪费青春，甚至学坏。管理监护的时间衔接，绝对不要出现管理真空！

孩子就是明天，孩子就是全世界。"世界是你们的，也是我们的。但是归根结底是你们的！"学校与学生家长的目标是一致的，只要我们群策群力，相互沟通，严格督促，凝成合力，相信三年后的今天一定是个好日子。

（二）家庭教育 身教第一

家庭是孩子人生中的第一所学校，家长是孩子最重要的启蒙老师。父母与孩子朝夕相处，接触的时间和机会最多，父母的言行时时刻刻在影响着孩子。家庭教育作为孩子通向社会的第一座桥梁，对孩子的个性、品质和健康成长起着极其重要的作用。然而在家庭教育中，由于部分家长不懂教育规律，缺少带孩子和教育子女的经验，加上现代社会竞争激烈，工作压力大，难以有足够的时间和精力用于子女教育上，于是经常在不知不觉中伤害到孩子，妨碍了孩子的健康成长。在国家大力实施素质教育的今天，我们也应转变观念，抽出更多的时间和精力用于家庭教育，积极配合学校教育。

1. 家长是孩子最好的榜样

孩子一出生，他心灵上的这块土地是荒芜的，父母是这块土地的第一个播种者，你播下什么样的种子，就会结出什么样的果实。因此，父母的言行和孩子的个性形成有着密切的关系，直接影响着孩子的思维方式、行为习惯和个人成长。

作为家长，要时刻牢记，孩子的模仿能力很强，而模仿的对象主要是孩子心目中认为的"榜样"，如父母、老师等。父母与孩子长期共处于家庭，父母的一言一行孩子都会看在眼里，记在心上，并观察模仿、学样。如果家长一有空就去看电视剧、逛商店、打牌，却每天叫孩子读书、写日记，孩子就会产生抵触情绪，学习的效果也不会好。更为严重的是，如果家长没有时间督促孩子的学习，孩子对学习又没有自觉性，孩子也会像父母一样，将时间都用于玩乐上，学习成绩自然不会好。所以，家长一定要真正重视"身教重于言教"的道理，严于律己，经常注意自身的言谈举止，成为孩子的好榜样。要用自己的行动来引导和改变孩子，培养孩子良好的品行和习惯先自己养成良好的品行和习惯（如坚持每天抽一定的时间看书学习），改变孩子不良的品行和习惯先要改变自己不良的品行和习惯。孩子要通过长时间耳濡目染、潜移默化的影响和努力，逐渐养成优良的品格、良好的习惯和坚强的毅力。

2. 辅导孩子学习重要，但培养孩子良好的学习习惯更重要

目前，小孩子的学习负担都比较重，作业也比较多，还经常需要父母帮助辅导。随着孩子知识的增长，父母辅导也会力不从心。因此，从小注重培养孩子学习的主动性，养成良好的学习习惯，不断增强或保持孩子学习的劲头更加重要。

"孩子的健康成长离不开健康的环境"，要引发孩子的学习兴趣，作为家长，创造一个学习型的家庭氛围是每个家庭应该努力的方向。

3. 立足于正面教育，注重孩子自信心的培养

现代的家庭基本上是独生子女家庭，不少家长对孩子百依百顺，只管孩子吃好、穿好、玩好，忽视了对孩子的教育。有些家长对孩子的成绩或错误不分青红皂白地肯定或否定，没从孩子的心理特点上考虑，表现出的教育方法成人化，甚至简单粗暴。比如，一个孩子为了给妈妈庆祝生日画一张画，结果在画画时不慎将颜料弄到洁白的墙上去了。孩子的爸爸回家看到那个情景，没头没脑地就把孩子批评一通。"谁要你把颜料弄到墙上去的，把墙搞坏了，谁要你画的画"等，这对孩子的自尊心是个损伤。很显然这位家长没有掌握孩子的心理，从正面来评价自己

的孩子。他应该先表扬一下孩子："你真不错，能够亲手给妈妈画画"，让孩子能为自己的举动而感到自豪。然后再告诉孩子，应该讲卫生，做事要细心等。让孩子在不知不觉中接受教育，同时还维护了他的自尊心。

4. 对孩子许诺要慎重，培养孩子守信的习惯

家长对孩子的许诺必须慎重，让孩子产生一种奋发向上的动力，促使其更好地完成任务。只有履行自己的诺言，家长的威信才能树立起来。然而，在现实生活中，有些家长对孩子的许诺在很大程度上带有盲目性、应付性，甚至欺骗性，这往往对孩子的成长造成极大的负面影响。作为家长，我们在对孩子许诺前应先慎重考虑，该不该对孩子许诺，能不能兑现，这种许诺对孩子来说到底好不好等，否则就失去了许诺的真正意义。许诺后不履行诺言，会给孩子的自尊心带来极大的伤害，也会导致家长在孩子心中的威信下降。还会使孩子错误地认为，对谁都可以随便说话和承诺，反正说了又无须负责。

适当的许诺也是十分必要的，但许诺应与有意义的活动挂钩。如答应与孩子一起上公园、外出旅游等。应注重精神享受，而尽量避开物质、金钱刺激。经济上的许诺会让孩子从小就看重金钱和物质的享乐，容易形成自私自利的个性和铺张浪费的习惯，对孩子的健康成长不利。

5. 培养孩子的独立性

将孩子培养成人是每位家长义不容辞的责任。让孩子能够独立思考问题和解决问题也是十分重要的，孩子的独立性只能在实践中逐步培养起来。家长应该深刻地认识到孩子无论做什么事都是从不会到会，然后到熟练的过程。家长应该放手让孩子自己去做，只要是经过努力，不管成功与否，都应该鼓励，让孩子感到自豪。孩子毕竟是孩子，当孩子在做事情时，哪怕做错，家长对孩子也应该是多鼓励少批评。一次不行做两次，两次不行做三次，直到满意为止，让孩子感受到独立完成任务的快乐。

所有孩子都有着一个共同的天性——好问为什么，这表明孩子也在思考问题。在这种情况下，家长应该不厌其烦地回答孩子的问题，并想

办法让孩子多长知识，引导启发孩子动脑去想问题，培养孩子独立思考问题的能力。同时，家长应该多听孩子的意见，在日常生活中让孩子学会拿主意做决定。由于受传统观念影响，孩子缺少自己做决定的机会和权利，家长对孩子的一切都有决定权，这对孩子的独立性培养极为不利。因此，家长应多给孩子机会，让孩子学会独立思考问题，解决问题。不要将孩子的一切都予以否定，而要多听听孩子的意见，只要是合理的建议，就应该让孩子自己做决定，时间长了，孩子就会学会独立处理问题。

6. 积极配合学校对孩子进行教育

学校教育离不开家庭教育的支持，家庭教育主要任务是配合学校教学，所以对孩子在学校的学习情况要做到心中有数。最好的办法就是与老师经常沟通，然后对症下药，这样才能达到目的。对老师提出的要求，家长要认真配合，如学校的活动，应积极鼓励孩子参与，若需家长参与的活动绝对不要推托，这样既给孩子做榜样，也支持了老师的工作，同时让自己的孩子也有一个良好的学习环境。

孩子是祖国的未来，望子成龙是每个家长的心愿。在对孩子的教育过程中，我相信每位家长都积累了一些经验，把孩子教育好是我们共同的目的。在此我旨在教育孩子过程中的一点心得和体会与大家交流和分享，抛砖引玉，以便共同探讨教育孩子的方法。

(三)家校携手 共创佳绩

建立学生家长委员会，加强家校沟通与合作，让家长充分参与学校管理，可以完善学校、家庭、社会三位一体的教育体系，营造良好的教育环境。我在做年级级长时，在本年级建立了家长委员会，促进学校民主管理、支持教育教学，提升家庭教育水平，有利于形成家庭、学校教育的合力，为学生的健康成长创造有利的条件。以下是高一学生家长委员会给本年级学生家长的一封信，从信中可以感受到家长委员会对学校教育的辅助作用。

各位高一学生家长朋友：

响应广州市第八十六中学高一年级级长在第一次家长会上提出的"凝聚家校教育合力，奠基 2009，收获 2012"号召，从高一抓起，从现在抓起，强化学生学习行为习惯，充分保证孩子的有效学习时间，共同为孩子们的成长保驾护航。在广州市第八十六中学学校领导和高一年级贾级长、苏级长的关心和支持下，我们的家长委员会工作得以顺利开展。半年来，高一学生家长委员会做了几件实事，收集、转达各位家长朋友对学校管理的意见和建议，共同探讨教育孩子的经验，审查学生各科辅助材料，组织校外文化培训班，筹备高一奖学金、助学基金等工作。

由于教师们同心协力，家长大力支持，学校做坚强后盾，发现问题及时跟进，有效解决问题，寒假培训期间，级长和老师全程协助管理，对学生要求与在广州市第八十六中学校内一样，遏制了学生迟到和缺课现象，效果很好。校内管理严谨，校外活动班也越办越好，做到"招得进，管得住，教得好"。

为了使孩子们的努力能得到不断激励，家长委员会决定，采纳部分家长的建议，设立年级奖学金、助学基金，接受关心孩子们成长的单位和个人(包括热心家长)的捐款，并逐步制定出相应的管理和使用办法。

本学期将全面启动周末校外活动，自愿报名。与校内同步，因材施教，分层教学。以数学、英语、语文为主，分拔尖、培优、扶中和提高四个层次。我们还是聘请广州市第八十六中学的老师和领导，继续把好教学关和管理关。

家长们一直都在深切关注孩子们的成长和学校各项工作和管理情况，通过我们建立的网络平台 QQ 群和论坛，交流意见和想法。感谢两位级长在百忙之中，能以实名加入，并及时给大家解答了很多问题，公布了很多重要的信息，为家校的良好沟通做了一个很优秀的榜样。

家长委员会工作的几点设想。

(1)发挥网络平台高效便捷的作用，让更多的家长可以加入年级的

QQ群，可以在年级的论坛中交流意见和想法。考虑到级长们除了教学工作，还要应对大量的管理和行政工作，建议高一年级的班主任可以加入我们的QQ群和论坛中，他们更接近和了解班上孩子的具体情况，让学生的学业、生活和心理等问题可以在萌芽的时候得到关注和控制；大力倡导群成员实名制，可按需要选择一对一的交流方式，保护学生的隐私；简单的网络留言提示，省时高效，也减轻了教师们沟通的负担。

（2）建议年级的级长和教师们，作为教育的专家，发挥你们的专业特长，能多为我们家长做些关于孩子的学习、教育和心理引导方面的指导和建议，多给我们家长些有益的启示。例如，本次贾级长给我们的"给家长朋友的42条建议"。

请各位家长，经常浏览广州市第八十六中学学校官网和贾老师数学教学网，了解广州市第八十六中学的教育和教学情况等。

（3）逐步把奖学金、助学金的制度完善起来，让奖励机制更好地发挥作用。

欢迎各位家长对广州市第八十六中学学校工作和家长委员会工作提出宝贵建议和意见。

展望2010年，对于广州市第八十六中学的领导和高一年级的所有教师，他们为了孩子们的成长和进步默默奉献、辛勤工作，我们除了充满感激外，更是满怀信心。希望各位家长朋友一如既往地支持家长委员会的工作，关心并协助广州市第八十六中学的教育工作。

愿家校携手，共创佳绩！

高一学生家长委员会

2010 年 3 月 10 日

第三章

秋来硕果遍南北

一心从教执守望，
二地湖广留书香。
三尺讲台勤耕耘，
四十春秋圆梦想。

一、湖广守望立杏坛

(一)敢问路在何方——记省级模范教师贾国富老师

秋高气爽，到处一片金黄，这是一个收获的季节。襄阳一中五年五大步，1996年高考又创辉煌。

38岁的贾国富老师担任年级主任，又兼高三(2)班班主任和数学课教学任务。坚定的信念，事事如棋，考场如战场。贾老师既是指挥员又是战斗员，他既要纵观全局，又要一心扑在高三备考上。领导的行动就是无声的命令。在年级管理上，他大事讲原则，一视同仁；小事不计较，讲风格，讲谦让，求大同。在学生分班、课时安排，各种优待上，都是先考虑别班、别科，全年级一盘棋；他带头搞好学科教学，促进各科教研、教学活动深入开展；管好自己的班级，以良好的班风和学风带动整个年级。

"领导就是服务"，这是贾国富老师在就职讲话中讲的一句话，言简意赅。他是这样说的，也是这样做的。教师家中有婚丧嫁娶他都要亲自上门慰问，哪个学生家庭有困难，他了如指掌；教师们的全勤奖、学生的奖学金，他都亲自送到每人手中；教学资料的订发、油印等，他直接负责，井然有序，保证教学正常进行。高考前他顶着酷暑与王志全老师一起为学生批发营养品，购买就急医药品，分到各班，使同学们都能顺利地通过高考。大家有口皆碑：贾主任办事，我们放心。

在学生家长会上，曹校长对高三(2)班师生提出了明确奋斗目标：争取在1996年高考中过省线超过30人。然而，学校班级过省线最高纪录是28人。而1996届毕业生素质差，任务艰巨。但他们毫不退缩。课室里"确保人人成才，力争个个升学""努力拼搏，勇创一流"的横幅，激励着高三(2)班的师生奋发向上。

贾国富老师嘱咐同学们说："升学不是唯一的成才之路，但祖国急需高素质的人才，我们要努力拼搏，刻苦学习，以优异的成绩迎接祖国的挑选。高三(2)班每个同学都要有一个明确的学习目的和奋斗目标"。

他坚持正面教育为主，深入细致做好每个学生的思想工作。班上学生从高一起每人都有一本联系本，这是学生与老师和家长联系的纽带，联系本记载着每一个学生的心得、计划、思想认识、学习小结、班会演讲发言稿、各学期期中期末学习成绩等，记载每个学生三年来走过的历程。在家长会上，一位家长风趣地说："见到联系本如师亲临，我们一切放心。"

高三(2)班每学年都要刻一枚奖品章，印在五角钱一本的作业本上，价虽廉，但同学们如获珍品争相保存。一位同学说：每当遇到困难的时候，看到它就能增强克服困难的信心。

贾国富老师因材施教，使每个学生都能有所进步。他撰写的"分组教学、因材施教"一文，提倡在目前班级授课制下，划分若干个档次，用不同的教案和辅导方式，弥补班级授课制的不足。他在年级管理、班级管理、课堂教学中都贯穿了分组教学的思想，他的学生都是分组教学的受益者。一位学生在给他的信中写道："分组教学法使我对枯燥无味的数学有了兴趣，高考得了高分，也是因为你的分组教学法使我感到教师神圣而伟大，所以填报高考志愿时毅然填报了华中师大……"

就这样，通过全体高三教师的辛勤耕耘和奋力拼搏，县一中在1996 年的高考中再创辉煌，上省线人数达 267 人，取得全市第一。贾老师的梦圆了，露出了舒心的笑。

"敢问路在何方？路在脚下！"贾国富和高三年级全体师生开创了一条教书育人的成功之路，为襄阳教育谱写了辉煌的篇章。

（文：原载于襄阳百名优秀教师风采录《烛光松》，1996 年 9 月）

(二)无悔人生——记湖北省特级教师贾国富

刚步入不惑之年的贾国富老师，已有 24 年教龄，在重点中学区一中任教也有 16 年。他将自己火热的情和真诚的爱，像春雨一样撒向了千万个孩子的心灵；他在三尺讲台上默默耕耘，在教育改革的大潮中勇猛冲浪；他把自己美好的青春年华，无私奉献给了襄阳的教育事业。2000 年 9 月，他被评为国家级骨干教师。2001 年的金秋，湖北省人民政府为表彰贾国富老师对党的教育事业的卓越贡献，特授予他人民教师的最高荣誉——"特级教师"称号。

1. 德高为范　清正廉明

贾国富老师热爱祖国，热爱社会主义，热爱共产党，热爱党的教育事业，热爱教书育人。从教以来，连续 16 年做班主任工作。他坚持正面教育为主，注意对学生政治素质、思想品德的培养，他的班主任工作经验多次在区内、市内交流推广。他坚持学习政治理论，并写下了几本学习心得笔记；他经常给学生讲解党的基础知识，请优秀党员到班上讲党课，收到了较好效果。他身体力行，维护党在人民群众中的形象，使广大师生更坚定了永远跟党走的信念。

他勇挑重担，乐于奉献，模范带头，超负荷地工作。1992 年 9 月，他中途接手了一个"问题"班。为迅速树起一个良好的班风，他操劳过度病倒了。贾老师的至诚爱心感动了那几个"问题"学生，他们自发地到病床前探望老师，并带去了老师期盼的礼物——改正错误的决心。功夫不负有心人，"问题"班逐渐变成了模范班，高考创造了一中文科成绩的新纪录。由于积劳成疾，有一年，他患了教师工作的职业病——腰椎间盘突出病症，腰部和整个右腿剧烈疼痛，有时昼夜不能入眠。学校领导和老师们劝他休息治疗，但他仍一直坚持工作。他说，我这个病不是要命的病，疼痛算得了什么，影响了高考可是几十个学生一辈子的事。

他胸怀坦荡，奉公守法，清正廉明。他任年级主任和教务主任时，不仅教育教学管理井井有条，而且收支费用清楚、明白，严格执行学校的财经制度，教师们有口皆碑。他当班主任十多年，从不接受学生家长的任何馈赠。

学校分别在 1991 年、1994 年、1996 年上报了他的先进材料"在平凡的工作岗位上""大胆创新硕果累累""敢问路在何方"。1994 年县教委主编的《繁星》、1996 年县教委主编的《烛光颂》专题刊物中宣传了他的事迹；1994 年，他被评为湖北省"优秀教师"；1998 年，他被评为襄樊市"拔尖人才"；2001 年，他被湖北省人民政府破格授予他"特级教师"荣誉称号。

2. 学高为师　一代风范

"千教万教教人学真，千学万学学做真人"。他教书育人，注重学生思想品质的培养，对学生一视同仁，关心爱护每一个学生；他循循善诱，使每个学生都能和谐发展，所以深受学生的爱戴。在他教育心得中有这样一段话："爱自己的孩子是人，爱别人的孩子是神。对学生要求应严而有度，没有必要也不可能用成人的标准去苛刻要求他们。教师要用博大的爱心和极大的耐心教育、爱护、宽容和赏识他们。尊重学生，学生会更尊重您，您在学生中的形象会更高、更大。"他常说："要像对待自己的子女一样，真情关爱学生。对学生要多一次耐心说服，少一次简单训斥，独生子女容易被感化，更容易形成情绪对立；多一点慈父宽容，少一点苛刻挖苦，正因为他们还不成熟，所以才需要学校教育和关怀；多一点亲近关心，少一点架子；多一点温暖，少一点冷漠。"

他坚信"天生其人必有才，人生其才必有用""人人有才，人无全才，扬长避短，人人成才"的教育理念。

贾老师用自己的心血谱写了一篇篇感人的育人乐章，他的先进教育思想、成功教育方法和高尚师德像光芒辐射四方。他对青年教师从工作上、思想上关心帮助他们，新老结对，言传身教，为学校培养了一批德才兼备的教学里手和优秀班主任。其中，经贾老师直接指导的高群安老师，能较快地适应重点中学教学，教学严谨，关心学生，深受学生欢迎；王启冲老师走上教学岗位后，经指导在教学、教研能力等方面进步较快，现能胜任两个班的教学任务还兼班主任工作，成为教学骨干；在贾老师指导下，数学组教学严谨，教研风气浓厚，每年都有十多篇教研论文获市级奖励。

桃李满天下，丹心报春晖。1991 年，他带的高三(4)班教育教学成绩在平行班中名列第一，数学高分人数是其他班的两倍。1993 年，他教的高三(1)班文科学生数学成绩名列全市第一，创校史记录，龙明涛同学以 628 分的高考成绩夺得襄樊市文科状元、湖北省第三名。1996 年他带的高三(2)班班风正、学风好，总分过省线 42 人，过重点大学线 26 人，全班都过了最低录取控制线，在襄樊市遥遥领先，实现了他"确保人人成材，力求个个升学"的夙愿；刘勇飞、李育辉同学分别考入清华、北大，又创一中历史最好水平。他的教育科研论文"更新备考观念培养拔尖人才"在县教育工作会议上交流，对于高考备考具有重要的指导意义。他提出的"全校上下精诚团结，协同作战；转变备考观念，注重培优；以人为本，教书育人；真情关爱，严谨治学；恰当标高，重在落实"的备考策略在 1999 届付诸实践，并取得辉煌成果。他所负责的 1999 届学生，教育管理和高考成绩创一中有史以来的最好水平，录入三大校 9 人，过重点大学线人数名列全市第一，为高校输送了大批的拔尖人才；他直接带的高三(2)班成绩突出，总评成绩第一，胡红涛、张少良、范莹莹同学三人都被重点高校录取，其中胡红涛同学在高中毕业前入了党。

若问贾老师，"您觉得最幸福的时刻是什么?"他会毅然地回答："我最幸福的时刻是看到自己的学生接到高校录取通知书时高兴的情形，以及听到他们在高校学有所成或在工作岗位上事业有成的捷报传来的时候。"的确如此，他珍藏的最宝贵的东西是装有历届学生照片的三部影集、四箱历年学生寄送的贺卡和信件。考入华中师范大学的吴金宏同学，到高校报到后的第一件事，就是给贾老师写了一封发自心底的感谢信，她在信中写道："贾老师，是您的一句'谁笑在最后谁就笑得最好'名言，伴随我在情绪低落、成绩下降时增强信心，战胜自我，走向辉煌；是您博大胸怀和高尚的人格魅力感染了我，使我选择了教书这个天底下最光荣的职业。我衷心祝愿敬爱的老师一生平安，事业蒸蒸日上!"

3. 执着追求　大胆创新

他既是素质教育的推行者，又是教育改革的实践者。他始终站在教育改革的前列，执着地追求着。他经常组织并参与县、市数学教研活动，成效显著。他在 1992 年获县优质课第一名、市优质课一等奖；1994 年和 1996 年，他所讲研讨课被定为高三复习示范课；1997 年，获市优秀教案一等奖。他是襄阳市数学学会理事，每年都要组织和参加一年一度的襄阳市数学学会年会和数学教研会，他有三十多篇学术论文在市、省级学术会上和刊物上发表，并有二十多篇获奖。他通晓本学科大纲、课程体系和内容，他命题能力强，多次为区、市统一考试命数学试题。

他在教学实践中，勇于进取，大胆创新。他经过 1991 届、1993 届四年的教改对比实验尝试，总结出"分组教学法"：将学生按接受能力、智力水平、知识基础划分为若干小组，分别提供与之相应的教学方案，并加强分组辅导、个别指导，分别评估，及时反馈、调整教学方案。面向全体学生，因材施教，教学质量大幅度提高，经验在全县交流推广。他采用的"百题无差错""温故知新"的思维训练方式，以"小步调、高频率、严思维"的特色，对学生逻辑思维能力、运算能力的提高效果显著，此方法在校内、县内推广使用；大力推进素质教育，他的"因材施教 优化素质教育主渠道"科研论文，在教育界引起极大反响。他强调课堂教学是素质教育的主要渠道，素质教育不是削弱课堂教学去增加课外活动，而是应优化课堂教学，教师循循善诱，师生互动，促进学生主动发展。

他不断充实自己，是终身学习的典范。他说，在这知识爆炸的信息时代，一天不学习就要落后。他不断地用新理论、新知识、新技术武装自己，不断更新和拓展学科基础知识和学科前沿知识，不断提高教育科研能力、自身创新能力和实践能力。他的求知欲强烈、思维敏捷，毫不逊色于年轻人。通过自学，他很快地掌握了电子计算机技术，能熟练地制作各种文档和多媒体课件等，并应用于课堂辅助教学。

通过国家级骨干教师培训，他如虎添翼，全面地掌握了国际教育发展趋势及我国教育概况，在南京、上海、广州等地实地教育考察之后，挥笔撰写了 8000 多字的教育考察报告"我国基础教育的曙光"，被收入襄樊教育文献专集。他掌握了全新的现代教育技术和与创新教育相适应的教学方法。最近，他的畅谈课堂教学艺术的论文"浅谈数学课堂教学的语言艺术"又荣获襄樊市科研论文一等奖。他的一篇体现新的教育理念的教学设计"函数方程思想"课例，从情境引入激发思维、教师善诱学生勤思、师生互动启发认知、渗透思想品德教育等方面做了深入的探讨，受到著名教育专家罗增儒教授的赞誉。在陕西师范大学，他为2002届应届毕业生所做的"做一个深受欢迎的教师"专题报告中，将先进教育思想和具体教育实践紧密结合的精辟论述，引发了未来教育同行的共鸣。

他倡导教育使学生和谐发展、全面发展。他亲自组织学生参加课余兴趣活动，主编了校内数学《数学辅导》作为数学课外读物，对培养学生的学习兴趣和能力起到了重要作用。1998年，他亲自策划主编了数学高考备考用书《高中数学复习指导》，结束一中数学组备考使用"舶来品"的历史，为一中数学教学上档次和学校教学质量上台阶做出了重大贡献。他积极参加数学竞赛辅导，成效显著，所辅导学生有40多人获省级以上奖励，其中胡红涛同学于1998年获国家一等奖。他多次被市教研室授予"优秀辅导员"称号。

由于他教育科研成果显著、教育工作业绩突出，1999年，他被市教委授予"教育科研先进工作者"称号；2000年，他被评为中小学骨干教师；2001年，他被评为湖北省"特级教师"、襄樊市"学科带头人"。

4. 与时俱进　开拓未来

精心育苗洒热血，衣带渐宽终不悔。贾国富老师用自己的行动谱写了一曲无悔的人生凯歌，为党的教育事业做出的卓越贡献，得到了社会的赞誉和尊重。他相继获得县、市级以上的"优秀教师""模范班主任""拔尖人才""教育科研先进工作者""骨干教师""学科带头人"等荣誉称号。

一封封从高校或工作岗位寄来感谢恩师的来信，一张张慰问恩师的贺卡，一摞摞反映事业成功的奖状，一堆堆记载开拓创新坚实足迹的证书，贾国富老师并不满足。他的又一篇素质教育研究论文《透视和反思应试教育》即将公开发表。他说："荣誉属于过去，未来还需开拓。""21世纪充满竞争、充满信息，同时也充满机遇。我们这一代人肩负着光荣的历史使命，任重道远。"

成功，是一道美丽的风景线，也是一个新的起点。他打算在今后教育改革的征程中，率先垂范，做先进教育观念的传播者、科学教学方法的实践者，以身立教，与时俱进，勇于创新，开拓未来，为中华民族教育事业的兴旺发达而鞠躬尽瘁，谱写新的辉煌！

（文：原载于襄阳文献《科技之光》，2002 年 6 月）

（三）与时俱进 十年垂范——记南粤优秀教师贾国富

十年前，他参加了国家级中小学骨干教师培训，沐浴了时代的洗礼。教育改革的劲风把他吹到了南国，他带着先进的教育思想和理念，与一批教育志士，投入到广东教育改革的大潮。2002 年 8 月，他踏入黄埔这块热土，融入了广州市第八十六中学。从此，黄埔教育揭开了新篇章。他就是广州市第八十六中学特级教师、南粤优秀教师贾国富。

图 3.1　2002 年贾国富老师初到广州市第八十六中学时上课的照片

十年来，以贾老师为代表的八十六中人，"对民族未来负责，为学生终生发展奠基"。一路走来一路歌，交给了黄埔人民一份份满意的答卷。

2005 年，贾特在八十六中送走了第一届黄埔区的毕业生，当年史无前例的高考辉煌，佐证了八十六中人运用先进教育理念实践成功。大家记忆犹新，那届他带了两个班的数学课，还兼数学科组长、备课组长、物理班的班主任。现在，老师们提起那届的高考情况还感慨不已。2005 年，贾老师被授予"广州市优秀教师"。

十年如一日，他兢兢业业，任劳任怨，一路陪伴着八十六中蒸蒸日上。他以身作则，满负荷工作，每个学期带两个班的数学课，还兼班主任或年级长、学校学术委员会、黄埔区教育学会数学教研会理事长等工作。始终坚持在教育教改实践工作的第一线，为教育教学研究获得直接的感性材料。

他见证了八十六中连续 8 届的高考辉煌，直接参与四届，两届担任班主任，两届担任级长。他的工作业绩在八十六中有册可查。2012 届，贾老师带领的团队，在各级领导的关怀下，协同作战，"三年一贯学为先"，一路"乘风踏浪绕浅滩"，以人为本，高考成绩再创新高。总上线率 99.5％；本科上线率 71.43％，突破 500 大关，共 510 人；重点有所增长，达 91 人，重点率 12.75％；高分有所突破，600 分以上 58 人，650 分以上 2 人。黄埔区教育张灿华局长，用"不简单，不容易"高度概括和赞扬了八十六中 2012 年高考辉煌成果。

德高为范，教书育人，注重学生思想品质的培养。十年来，他把全新的教育思想、理念和学校教育实践有机结合起来，转变思想，积极探索，独树一帜，促进学生全面发展，收获了显著成效。

他善用脍炙人口的箴言激励师生。

新学期，新举措，师生共进，洒汗才能收获；

高标准，高要求，教学相长，拼搏方能成才。

他常赋朗朗上口的诗句启迪学生的心灵。

胸怀大志学为先，步步为营勤修炼。

百尺竿头进一步，华山论剑在明天！

他循循善诱，关心爱护每一个学生，亦师亦友。注重高考前学生高考焦虑的疏导，用简洁的语言陈述深刻哲理，驱散孩子们高考前的愁郁。

> 反复模拟炼成钢，高考从容如平常。
>
> 备考纵然千万难，师生风发斗志昂。
>
> 狭路相逢勇者胜，深挖潜能一气成。
>
> 查漏补缺返归真，最后笑声更迷人。

学高为师，在教学实践中，他勇于进取，大胆创新。在教学工作实践中，他总结出"分组教学法"：将学生按接受能力、智力水平、知识基础划分为若干小组，分别提供与之相应的教学方案，并加强分组辅导、个别指导，分别评估，及时反馈、调整教学方案。弥补了班级授课制中"优生吃不饱、差生吃不了"的现象，教学质量大幅度提高。为发挥自己的教育教学方面的优势，辐射周边，参加了"黄埔区教育讲师团"，利用课余时间到其他学校开展讲座，促进非重点学校教育教学的发展。

在教学中，带头使用现代化教育手段，将多媒体与课堂教学有机整合，取得了很好的效果。他建构了数学教学网站"贾老师数学教育"，与年级教育教学同步，与高考接轨，开阔学生视野，充分利用网络辅助教学，资源共享，充分辐射。

图 3.2　2012 年教师节贾国富老师在广东省

优秀教师表彰大会上留影

在教育改革的征程中，贾国富老师既是先进教育观念的传播者，又是科学教育方法的实践者，率先垂范，以身立教，与时俱进。八十六中人将秉承"追求卓越、崇尚务实、自强不息"精神，黄埔教育永远都是艳阳天。

（文：原载于广州市精神文明网，2014年10月）

（四）全国模范教师贾国富：学生只有差异，没有差生

数学老师爱写诗，贾国富老师一年赋诗几十首，内容多与教学教研活动有关。"教育前沿身力行，与时俱进带头人。科研课题常引领，南粤杏坛尽同仁。"写的是贾国富作为特级教师工作室主持人对自身的定位和对教育的情怀。

从教40年，贾国富引以为豪的是，他始终在教学的第一线。"守望教育，有志者来。"三尺讲台，让许多人敬畏，教师的崇高在于甘为人梯和默默的付出，40年的坚守，送走的学生万千，贾国富还是在那三尺的讲台。

"课题研究一年半，中期成果也灿烂。分层作业生为本，有志者来筑信念。"贾国富自认写的是打油诗，他一直保留这份热情和教育情怀。

1. 已届中年，犹如新生

2002年，贾国富被黄埔区作为人才引进，从湖北襄阳一中到广州市八十六中。那时，贾国富在襄阳一中已是名师，到了八十六中一切又从头开始。从荆楚大地到南粤这片热土，已届中年，犹如新生。从滚滚襄江到滔滔珠水，心情的起伏到了讲台上就一如从前。

不一样的讲台，一样嗷嗷待哺的学子。贾国富经常带两个班的数学课，还兼班主任或级长，只要跟学生在一起，他就感到踏实。他说，教育不仅是在教知识，讲台不止三尺，而是人生的大讲台，是要对学生的一生负责。

"培养教育人和种花木一样，首先要认识花木的特点，区别不同情

况给以施肥、浇水和培养教育，这叫'因材施教'"。

图 3.3　贾国富老师在 2018 届高二(16)班课室上课

　　贾国富说，要认识学生存在的差异，了解每一位学生，让每一位学生受关注、受尊重、受教育、有成长。他把学生差异当作教育资源，他把因材施教一直作为他教学生涯的课题，设计了分层教学的模式，用分层作业解决优生"吃不饱"、中层学习能力的学生"吃不好"、基础较弱的学生"吃不了"的矛盾。"数学教师一定要严格控制作业数量，精选习题。老师要下苦功多做功课，而不是用题海来为难学生。"

　　"时间不够用，事情做不够。"精心育苗助成长，俯首甘为孺子牛。送走一届又一届的学生，有不舍，更多的是欣慰。贾国富那笑容常驻的脸上，写满了他对未来的寄望。

　　2. 学生只有差异，没有差生

　　在贾国富眼里，他的学生只有差异，没有差生。他人生的价值就是发现这些差异，并通过教育填补学生迈向社会的鸿沟。教书先育人，学生有好的品行，才会有更好的学习成果。承认差异，发现差异，因材施教，贾国富的心思都在教研和学生身上。

　　贾国富记住他教过的许多学生，有一位叫张泽颖的同学开始数学成绩一般，后来主动要求当数学科代表，贾国富就让这位数学成绩并不太好的同学当科代表。后来这位同学通过努力成为数学尖子生，还充当小老师主动帮助其他同学。

　　"只要给予足够的关注引导，每一位学生都能做得更好。"贾国富认为，只要有阳光，每一棵苗子都能茁壮，只要有雨露，每一棵苗子都能烂漫。

　　教学，首先要懂得学生，教师要懂得教，也要与时俱进去学，要承认不同学生的差异，不同时期的学生也有差异，学生在变化，老师也要成长。贾国富执教生涯都在讲台，他面对一批批的新生，他自己也在不断获得新生。他为许多有潜质的老师千方百计想离开讲台感到惋惜。"讲台是教师安身立命之本。"教室的讲台虽只有三尺，但它延伸的却是人生的大舞台，连接的是教育者的情怀，是社会的未来。

　　贾国富坚守着他的大讲台，师生和社会不断给他回馈，许多毕业的学生给他写信寄卡打电话，表达对几年相处的怀念和感恩。广州市优秀教师、南粤优秀教师、全国模范教师等荣誉接踵而至，没有太多刻意的期待，只要潜心付出，一切又冥冥中自然而然。

3. 有品格的教育，不会只盯着分数

　　贾国富所带的年级高考都取得了优异成绩，获得广州市毕业班工作一等奖，所在的八十六中连续12年获得毕业班工作一等奖。而他却说："有品格的高中学校绝对不会只盯着高考，有品格的教育绝对不会只盯着分数。"

　　教育是塑造人的灵魂的伟大事业，是心灵与心灵的沟通，是灵魂与灵魂的交融，是人格与人格的对话。没有对学生的人文关怀，就很难有持久的教学成果。"守望教育，有志者来。"贾国富认为，八十六中就是有一群守望教育的有志者。

　　教育要让学生在学习和校园活动中享受到成长的快乐，感受到校园的美好，体验到人生的价值，并主动愉悦地发展个性，人人都能成为对社会有用的人。贾国富就是怀着这样的教学理想和情怀在南粤黄埔这片

土地上筑梦的。

贾国富自称"个头不高，水平不高"。就是那小个头释放着大能量，就是"那点水平"凝聚着守望教育的有志者。贾国富特级教师工作室名师济济，成果丰硕，他们都是来自各学校的翘楚，坚守对教育的情怀，在教坛上各领风骚。

有一大批中青年教师受益于特级教师工作室平台，迅速成长为教育教学骨干。贾国富作为广东省广州市评委专家和广州市教师继续教育培训专家，他一直在为培养高素质的教师人才做出自己的努力。

教育教学一线有许多接地气的课题素材值得去研究，这些素材与学生的学习和未来的成长，与教师常规教学工作和专业发展，与一线的教学教改都贴得很近、贴得很紧。

即便再过一年就将退休，贾国富却没有停止对教学教研的探索，他与时俱进，在教育教学中，带头使用现代化教育手段，将多媒体网络平台与教师培训和课堂教学有机整合。他一直关注着教育信息化的发展变化，在教育战线上，他一直焕发着青春。

4. 讲台让他的人生更丰满

校园是他的天地，教学是他的全部，讲台让他的人生更加丰满。恋恋不舍的是他的教学，他做客广东电视台现代教育频道，谈得最多的是为人师表，敬业爱生。他说，教师这一职业角色和职能，要从传统的"传道、授业、解惑"转变为教育活动的组织者、设计者与合作者。他面向学生人生的大舞台，与学生一起导演着未来。

"对学生负责，意味着对学生终身负责，教学几年，却要对其几十年发展负责。要精心打造学生适应未来社会生活和竞争的核心素养。"贾国富认为，教师要养成反思的习惯，不断反思教育、反思教学行为、反思教学方法、反思教学思想。要不断反思自己的教学成果，要把民族精神、社会责任感、科学与人文素养、创新精神与实践能力贯穿到教学活动中。"那种只注重学生眼前成绩和考试名次的态度和行为是不负责任的。"贾国富在反思中坚守，苦乐同行。

"教师是太阳底下最光辉的职业。"这不仅是一句口号，更体现在具体的教育行为中。贾国富班里的一位同学因打架面临被学校开除的处罚，他得知情况后反复与家长及学校沟通，并与学生深入谈心，最终保住了学生的学籍，这名学生也发生脱胎换骨的变化。"我们不能轻易把一名'问题学生'推向社会，这是对学生不负责任，对社会不负责任，也是对老师自己不负责任的表现。"

为人师表，敬业爱生，贾国富认为老师要用自己的人格魅力去影响周围的人，首先要先完善自己的人格，提升个人的修养，他在坚守教育工作第一线中也在坚守自己对教育的情怀。

数学老师爱写诗，坦率地说，贾国富的诗并不是无可挑剔，但他情怀不减，乐此不疲。"胸怀大志学为先，步步为营勤修炼。百尺竿头进一步，华山论剑在明天！"他用这些诗文去启迪学生的心灵，让他们多一些人文认知，也多一份情怀。

教育是以心换心、以爱唤爱的历程。贾国富老师把毕生的精力交给了教育，讲台也给了他多彩的人生。贾国富从教40年，扎根黄埔15年，他与教育和南粤这片土地结下了深深的情缘，他在挚爱与坚守中写下了《南粤教缘》。

地北天南，登高望远。绿水青山，碧海蓝空四季暖。

域广州宽，海纳百川。南粤教缘，同仁携手诗百篇。

盛世华诞，群星璀璨。百花满园，羊城教育迎春天。

（文：原刊发于《香雪》文学期刊创刊号；

作者：黄埔区作家协会副主席　余峻才）

二、与时俱进走前沿

（一）心田开春花　芳草遍天涯——致全国模范教师贾国富

韩石山是这样评价林徽因的：一个中国的杰出知识女性，在碧海蓝天之间，款款地向我们走来，我们感到亲近，感到震惊，也迎着她走过去，然而，不管她怎样不停地走来，也不管我们怎样不停地迎着她走去，我们永远也走不到她跟前。

在我的眼里，贾国富老师就是这样的学者，先生在专业方面的高度，是很多人难以企及的，很多的问题在他那里都已融会贯通，得心应手而绝无娇柔的痕迹。初见先生，是在 2014 年的 6 月底，先生带着八十六中数学科的老师来南沙一中，先生的温文、先生的儒雅、先生的大度是给我的第一印象。作为东道主，我代表我校数学科上了一堂高一的试卷讲评课，课后先生对我的课给予了极高的评价，更令我感动的是——事隔两天，先生还给我发来了信息（大意是）："夏风轻拂南一中，小马呈课显轻松。师生和谐突主体，顺势诱导达成功"。这对一个年轻教师是多么大的鼓励和支持啊！

后来通过微信了解到先生从教 30 多年来获奖无数：1994 年，获得湖北省优秀教师称号；2001 年，被湖北省授予特级教师荣誉称号；2005 年，荣获广州市优秀教师称号；2012 年，被广东省评为南粤优秀教师；2014 年，被评为全国模范教师……先生教书育人，循循善诱，对学生一视同仁，用博大的爱心和极大的耐心教育、爱护、宽容和赏识每一个学生，深受学生和家长的爱戴。

时至今日，先生广博而深邃的敏锐性仍使我惊叹不已。他以其精致的洞察力和博大的爱为教育事业留下难以磨灭的痕迹。我愿先生永远健康幸福。

（文：广州市南沙第一中学数学教师马俊钦，2015 年 9 月）

（二）您是我心中举旗的大哥——致贾特

远远地望，

您是人前的旗手，

您高举信念的大旗，

引领一群逐梦者，

步履铿锵，

在圆梦路上执着前行！

近近地瞧，

您是身边的大哥，

您儒雅敦厚，

心胸开阔，

三言两语话不多，

入耳暖心窝！

您是特级教师，

您是全国楷模，

您是我心中举旗的大哥！

（作者：广州市第八十六中学正高级教师 语文特级教师

高海燕，2016 年夏）

（三）行为世范 引领春风——教师专业成长的引领者贾老

在我们学校，你总会听到大家亲切地喊"贾特"，他就是获得全国模范教师殊荣的数学特级教师贾国富老师。他的模范作用，绝不仅仅在于学术上。在他身上，总散发着无限的正能量，引领我们走在教育改革的前列。

他对教育的热爱和高度的责任心常常感动着我们，学生亲切地喊他"贾爷"，青年教师称他为"贾老"。虽早已年过半百，他开办特级教师工作室或兼任年级长、班主任，仍然一直坚持带两个班的数学课，坚守在教学工作第一线。上了年纪的他腰部旧疾发作时疼痛不已，他却总是咬牙坚持，经常是腰部绑着两块夹板坚持上班。有一次，我见他艰难地扶着桌子从座位上站起来，便问他："您生病了怎么不休息一下，这样了还来上班？"他只是不以为然地一笑："老毛病了，没什么的！"虽然是一个经验非常丰富的老教师，但是他还是认真落实教学的每个环节。每次单元测验，他总要进行一番详尽的分析，把试卷的题目都进行变式，再改编成另外一套题目给学生反复练习。对于学生的问题，他总是利用休息时间进行解答，从不计较得失。

虽年近退休，贾老师却是一个非常"时尚"的老师。他总是孜孜不倦地学习新知识，与时俱进。当我们一帮年轻教师还没有学会用几何画板画图的时候，他已经可以开设网站，教大家学习几何画板的课程，并且举办几何画板课件制作的讲座。当我们还不习惯"博客"这个新鲜词的时候，他已经有了自己的博客，有了自己的教育网站。他对美图等照片编辑工具，更是运用自如。每次活动，他在当天就把照片编辑成一张画报，效率之高，让人惊叹。不仅熟练各种计算机技能，他还是个"诗人"，每次活动，他都能即兴赋诗一首，并且编辑在他的画报中，这已经成了他的一个习惯，让我们赞叹不已。在成立"贾国富特级教师工作室"时，他竟为工作室 26 位成员各赋诗一首作为成员介绍，说他是个"才子"也绝不为过。

作为一位优秀的教育工作者，他总是用他的能量辐射着我们，用他的优秀引领着我们八十六中数学科组，培养着一批批年轻的教学骨干。他并不因为"功成名就"而停止前进的脚步，而是把自己毕生所学倾囊相授。为了带动大家搞教研，他成立了贾国富特级教师工作室，将一大批中青年教师吸纳进来，引领他们在教育科研中快速成长。他带领我们走访了南沙一中徐辉老师的省特级教师工作室、仲元中学谭曙光的省特级教师工作室、广州市第六中学严开明工作室、海珠实验小学郑贤工作室、珠海市崔雅儒教师工作室、肇庆市六中梅莉名教师等，访遍名师，吸取众长。借鉴别人的先进经验，规划总结反思自己的工作室建设。每个学期，他都要组织工作室开展好几次课例研讨活动，同课异构或者课题研讨课，课后再组织我们进行反思、课例点评，每次都要形成书面总结和报道。他不把这种教研局限于本校，还向全区推广，带动了全区的数学教研活动，激活了教师们的教研积极性。为了带领我们搞课题研究，他先后申报了区课题"高中基础年级数学分层作业设计的实践研究"，再到市课题和省课题。每次的申报书、开题报告、活动策划、成果汇报、论文撰写，他都总体把控、亲自指导，不遗余力。他教会了我们如何脚踏实地，仰望星空。

记得颁奖那天，他拿回来了那枚闪闪发亮的"全国模范教师"奖章，我们都围着他，把奖章拿到手上掂一掂，沉甸甸的，这凝聚了他多少的心血啊！"贾特，你好厉害！我们好佩服你啊！"我们由衷地说。贾特只是谦虚地笑笑，"我只是幸运啊！可能是看我年纪大了给我颁的奖，呵呵，趁我还没退休，再好好干几年，把你们这帮年轻人带一带！"多慈爱的贾特啊，我看着他花白的两鬓，心里涌动着无限的感激。

德高为师，艺精为范，在他身上得到了很好的诠释。我们感恩有这样一个前辈的引领，敬佩这样一位为教育事业付出毕生心血的老师，向贾老致敬！

（作者：广州市第八十六中学高级教师 数学科组长 陈少婉）

（四）远近看贾特——真实的贾特

在广州市第八十六中学，有一批年轻教师，他们从正式成为教师，一直陪伴在我的身旁，在我的教师工作室不断成长，有许多美好的回忆。以下是青年数学教师陈石鑫的叙述。

我回忆起我们共处的点滴，希望捕捉到稍纵即逝的影像。就让我试着从几个不同的角度，由远及近，带大家走进您的世界。

1. 作为同事，我眼中的您

学校在评价老师时，常用"德、能、勤、绩"进行，以此为线索。

德——曾有一位老师因工作调动，在全校大会道别时讲道："是贾特，让我懂得了什么是德才兼备，什么才是特级教师的胸怀……"当时和您并不熟悉，但这句话让我印象深刻。是什么能让一个即将离开的老师有如此感慨？后来，在接触的一件件小事中，在看到您获评第一届感动八十六中人后，我渐渐明白了这句话。

能——您强大的综合能力，既表现在教学的高超能力，也表现在管

141

理的得心应手。2007 年开始，您担任了年级长一职，还要肩负两个班的教学，工作任务之重可想而知。但您兢兢业业，以身作则，硬是把年级管理得有条不紊，通过各种活动，既拉近了师生关系，又激发了学生的学习热情，高考成绩再创佳绩。

您有自己的个人网站，即使身兼多职，却能坚持维护，不断更新。里面有教学资源，有学法指导，还有和学生的真实交流。年过半百的您总有着充沛的精力，不断学习，与时俱进，走在了时代的前沿。您在处理各种事情时井井有条，优质高效。

图 3.4　师徒留影（右陈石鑫）

勤——您的优秀离不开认真和勤勉。每一天您都会早早来到学校，用心工作。为了帮助学生，您牺牲自己的课余时间，甚至午休时间用来批改作业、试卷……在担任年级长时，坚持守在学校，遇到问题从不推脱。"正视困难，积极处理"是您处事的原则。

绩——教学上的业绩不胜枚举，在您的教导下，学生的优秀已成必然。2015 年，有一位学生进入全市前十名，这难得的佳绩，与您的教导息息相关。您的荣誉连连，不正从另一个角度说明您丰厚的成绩吗？

作为同事，所见角度有限，那下面让我们把镜头拉近一点，从备课组内部看看您更细致的一面。

2. 作为备课组长，我眼中的您

我们备课组成员实力雄厚，有校长——赵校，有全国模范教师——您，还有资深高级教师、原备课组长——黄新老师，我在里面资历最浅。但我很高兴看到，备课组老师对于我的安排和备考策略，都十分支持并配合。通过备课组，我发现您的务实肯干，甘于奉献。高三复习任务繁重，需要印发大量学习资料。第三轮复习时，有一个重要环节——知识梳理，回归教材。我们共同校对资料时，您把每个知识点、每一道习题细细的核定，包括修改意见、习题的答案，都完完整整写出。这是怎样严谨认真的作风！在这背后，一定是一颗为学生高度负责的心！已经不记得有多少次，您牺牲中午的休息时间，为学生批阅作业，给指导意见；也不记得有多少个夜晚，您坚持为周测全批全改，认真高效……日复一日，只有那伏案的身影和疾飞的笔锋凝固在逝去的时光里。

虚怀若谷，乐于助人。不管是作为区内稀缺的"特级"，还是市里少有的"全国模范"，耀眼的光环和头衔并没有带给您一丝傲气。相反，您仍然低调地做着平凡的事，教着平凡的学生，谦虚如故。众所周知，艺术班的许多学生自负、任性、不爱学习。当学校安排您任教艺术生时，您没有多余的怨言，哪怕肩上已经扛着名师工作室，扛着另一个重点班的教学重任！高三备考紧张有序，每次备课组会议上，您和包括我在内的另外三个老师一起交流备考经验，畅所欲言，毫无保留。当面对不同意见，会及时给出指导，不失专家气度，同时又给予彼此足够的尊重。我们同心协力，奋力推进，备课组稳健走在上升的轨道。看着学生状态的改变，成绩的进步，我们都深感欣慰。

3. 从师徒角度来看，我眼中的导师

记得参加工作的第二年，为了帮扶青年教师更好成长，学校延续了青蓝工程，安排师徒结对，您就成了我的导师。我很庆幸有这样一位德高望重、敬业爱岗的好师长。一直以来，除了留守高三的个别学年，我们都在同一个年级，同一个办公室。您以身作则，对工作认真负责，对同事关心包容，树立了一个很好的榜样。因工作忙碌，您在教学技巧和方法上给我的指导也许不多，但不可否认，这种厚重的品格，潜移默化地影响着一个青年教师的成长。我也很庆幸，学校里有一大批热爱生活、专业负责的老师，是你们，创造了积极向上的校园文化，而这，正是一所学校的生命所在，魅力所在！

您老当益壮，承担了特级教师工作室主持人工作，还坚持带两个班的数学课。您是最接地气的教育一线专家，您亲手制订工作室规划、制度和工作室网站等，构建教师成长平台。您亲自给年轻教师做教育专题

讲座、主持课题，义无反顾地引领教师专业成长。您手把手地教会我们摩课例、做课题、写论文、编文集等。

因为近距离，我看到了您的腰椎不好。长期伏案工作，腰椎间盘突出成了难免的毛病。您去治疗，电波、针灸、针刀都试过，饱受病痛煎熬。我甚至很愧疚，不能给您分忧，只能在工作上多做一些，以求给您减轻一点负担。有一段时间您的腰痛已经有了好转，但高三您和我们一样，一直坚持高强度工作，身体终于还是吃不消了。连续的针药下去，不到一个月体重居然下降了 10 斤！您一定要好好保重，可不能这么"任性"！

这就是真实的您，与时俱进，名师风范，德高望重。一个与众不同的贾特，一个我们衷心爱戴的贾特。

（作者：广州市第八十六中学一级教师 陈石鑫）

三、辛勤浇灌花满园

（一）金玉良言 独具匠心——回忆贾老师的教学风格

贾老师独具匠心，默默耕耘，精心栽培，只为祖国多栋梁，宁可心操碎。作为贾老师的一名学生，在高二、高三的学习旅途中，我深刻感受到了贾老师的有效的教学方法。初上高二，我的数学成绩并不算理想，高一各种大大小小的考试，数学成绩始终徘徊在 100 分左右，但是在这之后，130 分便成为我数学考试的"及格线"，这很大部分要归功于贾老师的分层针对性的教学方式。接下来，我将从几个方面回忆贾老师的教学风格及方法。

教学分层都受益。自高二开始，贾老师便始终贯彻分层教学的思想，因材施教，使全班每个同学各得其所。具体而言，是将全班同学分成了 A 组、B 组、C 组，对于班级中数学能力较为拔尖的同学（C 组），贾老师建立了数学潜能训练小组，每周出试卷，题目经过了精挑细选，偏于灵活和具有挑战性，但是道道题目都会反映出一定的技巧和方法，不会过于刁钻，旨在培养这部分同学做难题的题感和提高他们的做题技巧。潜能训练的效果的确不错，在高二的长期积累中，班里面有部分同学数学能力得到进一步提高。对于部分基础中等和较差的同学（A组和B组），贾老师也定期出卷子，题目以基础题和中档题为主，适当延伸，主要锻炼同学们对基础题、中等题的熟练程度，培养他们的学习兴趣，保证基础题不失分。在这长期积累下，部分基础差的同学数学成绩得到提高且趋于稳定，不会出现过大的波动。在这种分层教学思想的指导下，班级绝大部分同学的数学成绩都有明显提升。就我而言，我对考试压轴题的恐惧逐渐消失，反而更积极地去挑战这些题目，前面的基础题也越做越快，得分更加稳定了。

小组学习促进步。在"互帮互助，小组学习"的氛围下，同学经常讨论交流，互相帮助和促进，加深了对问题的理解，提高了学习兴趣。整个高三，贾老师增加了课堂上同学之间的交流与互助的时间，注意让部分优秀的同学更多地帮助落后的同学。同时，通过学生的教学，其自身对知识点的掌握与理解在这个过程中也逐步深化，而不是一知半解的状态，真正做到了共同进步。分层学习，对于科代表的工作似乎要忙一些，但看到同学们在不同的组内都有进步，一些同学还可以晋升组别，我的劲头却更大些。百舸扬帆竞自由，乘风破浪去远航。我们在课内，有时在课外，学习小组合作讨论、探究问题，反思课堂上的得与失。这样的学习小组增强了同学们之间的凝聚力，培养了同学们与人合作、互帮互助的美德。

挖掘潜能见成效。高三是一个忙碌的时期，每个学科都处在积极而紧张的备战状态中。而贾老师并不会停下让我们做数学题的脚步，因为我们和他都认为，做题加上题后的思考与反思是复习数学的最好办法（在经过一轮系统复习后）。因此，他每天都注意收集各地模拟考试、调研考试卷中优秀典型的题目汇成小试卷，让我们每天都能适量地做数学题，通过做题复习与反思知识点，保持题感。贾老师举办的"潜能训练班"，独具特色。贾老师把各班爱好数学且学有余力的同学组织起来，利用课余时间进行潜能训练。训练题由浅入深，由易到难，由表及里。老师认真批改，评价鼓励，大家受益匪浅。高考的成绩是对老师辛勤劳动的最好回报，大家的数学高考平均分较其他班高近 10 分，高分段人数遥居第一。

图 3.5　与潜能训练班的同学
在一起（一排中张泽颖）

我现在是暨南大学经济学院金融学专业的大二学生，金融学专业对数学要求甚高，而本人高二与高三受教于贾国富老师，得益于此，本人在大学数学的学习道路上较为顺利。

金玉良言课生动。平时而言，贾老师课堂讲课风格是规范严谨、语言生动。对每一道题目，他基本都坚持板书，每逢讲到关键的要点时总会屡次强调、解释并适当延伸。他恰到好处的数学警句，可谓"金玉良言"，字字珠玑，如春风拂面。如讲到数学运算和分析理解时，一句"能化简先化简，可画图就画图"，使同学们眼前一亮，思路开阔。讲到函数等题型时，"定域优先，严谨简便"，使大家对易错的定义域问题印象深刻，警钟长鸣。

老师，您任劳任怨苦为乐，勤奋不知累。在大大小小的测试与考试中，您每次都坚持自己手写一份答案，这一份份手写版的答案，凝聚了他很多的心血，皆因在每道题的解析中都会有重点划线，相关知识点与误区提醒等富有经验的批注，使得每个同学都能轻松地通过一次次测试，掌握和锁住一大批知识点与易错点。因此，每逢我抱着沉甸甸的手写版答案走进教室时，总是会受到很多同学的欢迎与催促。

贾国富老师为广州市第八十六中学的教育事业，为广州市的教育事业做出了杰出的贡献。作为他的一名普通的学生，我想对他说一声：您辛苦了，贾老师！

（作者：广州市第八十六中学 2015 届学生 张泽颖）

(二)良师益友 大爱无疆——终生难忘的贾国富老师

2003 年，我有幸成为广州市第八十六中学宏志班一员，特别幸运的是成为贾老师的学生。对于刚从广东农村来的我们，对城市的一切充满好奇，但也对身边的环境胆怯，无法融入高中的生活。但贾老师不但没有放弃这样的我们，无论是在学习上还是生活上，总是给予我们鼓励与支持。在学习中，总是让我们多发言，多表达自己，提高沟通表达能力；课后也总是抽时间辅导我们的功课，让我们的数学成绩有了很大的提高。

在生活中，总是关心我的衣食住行，每逢佳节，担心我们这批外来的学生孤单，总是陪我们一起度过每一个端午节、中秋节，让我们把八十六中学当作家，贾老师就是我最亲的家人。您大爱无疆，教会我如何学习、如何做人、如何待人接物。

忘不了，在教学上，您总能关注每一个学生，不管是学习成绩好还是基础差的，不管他是城市的还是农村的。您采用的分层教学，使每个层次的学生各得其所，都有收获。分层负分评价，使每个学生都能拥有进步的喜悦，获得学习的快乐。大家学习兴趣逐渐提高，从讨厌数学作业转为喜欢数学并先做数学作业。

图 3.6　笔者(左 1)、丁革兵老师(右 3)与 2006 届宏志班学生
刘云辉(右 1)、曾海燕(左 3)等同学留影

147

您在课堂上尽自己最大的努力把知识传授给我们，课下我们如果有任何问题，您也十分耐心地帮助我们。记得有一次，临近高考了，我因为学习压力跟心理压力都特别大，觉得自己跟不上大家的步伐，所以释放不了心理的压力，就去找您帮忙，没想到见到您，马上就哭了起来。您耐心地在旁边让我哭完，然后问我事情的来龙去脉，您对我说："这是考前焦虑情绪，很正常的，不用担心。高考前保持适度的焦虑还有利于提高效率呢！"您慢慢开导我，跟您聊过一场后我整个人的状态都回来了，学习也有了动力，顺利通过了高考。

您为了减轻同学们考前的焦虑，经常给大家讲幽默故事，帮大家稳定情绪。为打消同学们担心参加高考怯场，您给大家讲的一段幽默：新婚夫妇招待完亲朋好友，说的一句客套话："第一次结婚，没有经验，招待不周，请各位谅解！"大家哄堂大笑，谁结婚时准备第二次结婚啊？笑后，同学们恍然大悟：大家不都是新手第一次高考吗？不要担心怯场，谁也没有打算第二次参加高考啊！

老师，在高考前夕，您仍然朝夕陪伴着我们。您淡定从容的神态，给我们增添了考前定力和信心。永远忘不了，在考前自主复习的阶段，您很早来到教室，每天在黑板上写一句励志短语。"长风破浪会有时，直挂云帆济沧海。""只要平时落实了，不愁高考考不好。不到长城非好汉，不考本科心不甘！""回归补缺很重要，亡羊补牢不算晚；每天只需增一分，高校大门随你进。""谁笑到最后谁笑得最好。狭路相逢，勇者胜。"这些至今记忆犹新。您教我们释放压力的方法，不但帮助我们都顺利通过高考，而且让我们在以后的生活和工作中可以从容应对困难与逆境。

贾老师，您是我们的良师益友，学生终生难忘。谢谢您！

（作者：广州市第八十六中学 2006 届学生 刘云辉 曾海燕）

(三)耐住寂寞 坚守信念——我的高中班主任贾国富老师

"下山容易上山难，上得山来路更宽"。

现如今的社会上，不缺侃侃而谈、衣着光鲜的成功者，不缺雄心勃勃、呼风唤雨的意见领袖。然而，能够耐得住寂寞，坚持在自己的业务上精益求精，坚持不懈地用真心去影响去感动周围的人，却少之又少。我的高中班主任贾国富老师就是其中之一。他，守住清贫，矢志育人，用他忠诚教育事业的心和坚韧不拔的信念，在教育教学第一线，坚守讲台近四十年。

高中是人生最重要的时期。在中国的教育体制之下，无论是儿童时期的小学、初中时期，还是成年后的大学，甚至研究生教育，其重要性都比不过高中。高中时期是一个人从少年走向成人的时期，是一个人性格真正形成的时期，而且对人今后一生的影响来看的话，大学教育甚至研究生教育也没有高中教育的影响大。

1993年9月1日，是我一生难忘的日子。这一天，我踏进了高中的校园。在人生的最重要的时期，我遇到了一位非常优秀的班主任老师，可以说是我一生中最幸运的事情。

如同千千万万的新入学的高中生一样，在入学的那一刹那，是无法想象三年艰苦的高中生活的，也是无法感受到高考的压力的，也是无法明白优秀的老师与一般的老师的区别的。1993年，我们高中提前录取了120多名初中毕业生，然后按照成绩，按顺序平均分配到两个班。在入学时，几乎各方面相同的两个班级，由于班主任老师的差别，发生了巨大的差别。

入学之后，我们按照程序进行军训，按照计划进行考试，按照课表进行学习。一切都是按部就班地进行着。当时哪能想象到后来有好成绩呢？从一年级下学期，我们两个班的成绩开始分化，一开始几乎相同的两个班，我们班的平均成绩及优秀成绩人数，远远超过了另外一个班。是不是我们班管得太严格，为了学习而限制了课外活动呢？也不是。我们班在各种课外活动中都有突出的表现。尤其是在校运动会时，我们班的体育成绩，也是遥遥领先于别的班。跳高、长跑、短跑、铅球项目都得了冠军，我也获得了跳高的亚军。

贾老师当了我们三年的班主任，同时，也教了我们三年数学。高中的数学是很难的，但贾老师讲数学深入浅出，细致有规律，我对数学的兴趣就是从那时候开始的。

高中时代的学习是那么的紧张，也是那么的枯燥。为了迎接千军万马挤独木桥的高考，课外活动也是少得可怜。一切似乎都是按部就班地进行，我们也察觉不到什么区别。但一次又一次的成绩又显示出肯定有什么不一样的。这是什么原因呢？回忆起来，贾老师和其他老师最大的不同就在于：其他老师只是重视上课讲知识点，而贾老师更重要的是调动大家的兴趣，同时为大家创造宽松的环境。

贾老师施行的是分组教学。他把班上学生按学习基础和智能分为A、B、C 三个层次，在课堂上的问题的要求有明确的层次区别，课后作业和训练题要求也不同，同学们戏称"分槽喂养"。一般地，基础弱的A 组可以不做附加题，中生 B 组选做附加题，而功底好的 C 组必做附加题。评价效果并不是按考试成绩高低，而是看在原来层次上提高多少，就是每个同学只在本组内进行比较。这样，每个同学都有可能得到表彰，每一点进步都可以得到肯定。随着时间的推移，大家的学习兴趣逐渐增强了，当然事半功倍，效果就渐渐显现了。

贾老师经常进行所谓"百题无差错"竞赛，号称"百题大战"，效果也很好。就是每隔一段时间，把一些基本知识点、基本运算和运算小技巧编成一百道小题进行训练。对于成绩中下的学生，这样的训练效果很好。同学们经常惦记着这一章内容快学完了，及时把基本内容复习熟练，迎接"百题大战"。

"确保人人成才，力争个个升学"。这是 2 班张贴在教室前面的班级标语，是贾老师与 2 班同学一起制定的深入人心的行动纲领。在 1996年高考中，2 班过重点大学线 26 人，全班 42 人都过了省线，在襄樊市遥遥领先，实现了贾老师"确保人人成才，力求个个升学"的夙愿。刘勇飞、李育辉同学分别考入清华大学和北京大学，又创一中历史最好水平。这些都成为二班师生一生美好的记忆。

一转眼，高中毕业已经 19 年了。这漫长的 19 年岁月，始终脱离不了高中时代的影响。

我时常在想，如果我的高中时代没有遇到贾国富老师，那这 19 年

图 3.7　1996 届高二(2)班学生家长会照片(学生马威在会上发言)

的道路会不会不一样。现在回想当年的 1993 级的其他班主任，还真会不一样。在人生最重要的高中时期，遇到贾老师，真是我的一生之幸。欣闻贾老师又获得"全国模范教师"称号，特写此文以祝贺！

"饮其流者怀其源，学其成时念吾师！"

（作者：湖北襄阳一中 1996 届学生 屠海峰）

（四）师生情深 心灵相守——与贾国富老师的和诗呼应

襄水情缘

毕业转眼廿四年，

高中朝夕如昨天。

盛夏温情若长虹，

唐城寄思续情缘。

青出于蓝鹏程展，

好福记忆鸿志篇。

同窗情谊越千金，

襄水东流穿万山。

（注：2015 年 7 月贾老师写于 1991 届 4 班师生于襄阳聚会）

漾

烟雨襄水升紫烟，

鲲鹏扶摇越千山。

架起七彩友谊桥，

喜迎水镜舞蹁跹。

容颜依旧乡音还，

声声话语润心田。

多情子路应羡我，

邀约再会粤海边。

（注：湖北襄阳一中 1991 届学生李勇写于 2015 年 7 月）

邂逅李勇

审读教材抵燕京，

枫丹丽舍邂故人。

前夏江城和诗韵，

天南海北续缘分。

（注：2018 年 11 月 15 日晚贾老师写于北京国际温泉酒店会见李勇）

永遇乐—缘起

——致贾老师《守望》

襄阳传道，

江城唱和，

首都邂逅。

缘起缘聚，

时空总在延续师恩路。

枫丹丽舍，

清茶悠悠，

话不尽岁月稠。

雾深处，

灯火阑珊，

唯见挥别的手。

寒暑几度，

纵横驰骋，

教坛一枝独秀。

北雁南飞，

桃李满天，

无人出其右。

遍游列国，

信手拈来，

国学大师蒙羞。

守望者，

桑榆未晚，

何论退休？

（注：2018 年 11 月 19 日湖北襄阳一中 1991 届学生李勇写于襄阳）

图 3.8　笔者在北京国际温泉酒店会见 1991 届学生李勇（右）

第四章

同舟扬帆行万里

网上线下领风尚，
助推教师快成长。
理论实际紧结合，
羊城教育尽艳阳。

一、引领春风搭平台

一枝花开不是春，万紫千红春满园。

2013 年 1 月，我被广州市教育局认定为"广州市特级教师工作室主持人"。2013 年 3 月，本工作室又被黄埔区教育局命名为"贾国富特级教师工作室"。从此，我在教育生涯中，又增添了一项重要的教育活动。有志者来，一批有识中青年教师志同道合，聚集在工作室。三年多来，工作室成员由原来的 9 人增至 31 人，建立实验推广学校 4 个、共享教师工作室 6 个，与 8 所学校建立了协作关系。在我的带领下，大家一起学习教育理论、教育考察交流、听课评课、承担课例、研究课题、撰写心得、分享感悟等，正能量满满，斩获甚丰。

图 4.1　贾国富特级教师工作室的部分成员留影

三年倾心

——写给工作室组建三周年 [①]

三尺讲台存丹心，

三级课题重分层。

[①]　本诗作于 2016 年。

三载情系工作室，

三十精英志同仁。

三人同行友师承，

三千桃李书师魂。

三星高照科研路，

三年规划逐步赢。

（一）构建教师专业成长平台

工作室挂牌后，及时进行了软件和硬件建设，主要在黄埔区招收了8个成员，制定了一系列措施和制度。在广州市第八十六中学领导的积极支持下，配置了办公室和必备的办公用品。我与工作室成员一起做了大量的准备工作。

第一，创建"贾国富特级教师工作室"博客和广州市 QQ 交流群等，充分利用网络资源，融合教育博客、网络微博的特点，建立工作室工作网页，以提供学员日常工作交流、思想碰撞、成果展示的平台，实现资源共享，发挥辐射推广作用。利用工作室博客，与教学同步，辅助教学，扩大工作室的辐射作用。要求主要成员每学期在工作室博客上发表一篇教学心得，或研修提高，或教育理论感悟，或学术论文等。尽可能提高工作室博客的影响，使工作室成为学生的良师益友。使身边的师生和家长，了解工作室博客，喜爱工作室博客，经常利用工作室博客。

第二，学习学科基础教育理论，提升工作室成员和学员理论素养；了解学科改革与发展热点、焦点问题，及时借鉴和吸收学科教育研究新成果。推荐理论学习书目，一年组织一次学习心得交流。

第三，给年轻人指路子、压担子、架梯子，营造人才成长氛围环境，促进中青年教师业务迅速成长，各个层次都有长足发展。

争取三年之内，工作室有一人以上成长为区、市级名教师，1～2人成长为高级教师或区级以上学科教学骨干等，培养一批学员成为校级以上教学骨干或一级教师等。

第四，制定工作室成员考核办法。

(1)指导学员制定个人发展规划，明确成员的职责和任务。

(2)根据《广州市特级教师工作室评选与管理办法》要求，通过座谈会形式制定本工作室成员考核办法，明确量化考核标准，督促检查成员工作过程，提升工作室工作效率。

(3)对于工作室主要成员和学员，建立考核档案，记录参加活动的时间、承担的任务和完成情况，公开发表论文和论文交流情况，并给出量化评分。

(4)根据工作记录和量化评分，对工作室成员和学员，给出继续教育积分，并把工作情况评价反馈给原工作单位，作为年终考核的参考。

(5)加强交流合作广度与深度。借助工作室这一平台，进一步加强与市内外名教师工作室的交流合作，学习先进理念，促成自身特色发展，不断提升本工作室的示范、引领作用。

工作室集中办公地点设在广州市八十六中学，工作室成员一般每月一次交流或活动。每次活动做好记录，留存文字和图片。

(6)聘请广州市教研室林少杰老师(正高)、黄埔区教育局李赤调研员(正高)、广州市第八十六中学胡革新校长(特级教师)为工作室顾问，指导工作室的建设、规划和发展。

(7)引领各学校数学教师专业成长。工作室安排成员就教育热点、难点开设论坛讲座或开设市级公开课每年1次以上，区级公开课每年2次以上。每年开设区级以上教师培训讲座或论坛(报告会、研讨会)1~2次。挖掘、推广工作室成员的专业特色，成果辐射推广和资源生成整合。

(8)率先垂范，积极开展课题研究工作。主持一项市级以上研究课题，或完成市教育局布置的一个科研课题，完成2项以上区级研究课题，并组织成员至少在省级以上主流刊物发表论文5篇以上。同时，积极研讨并争取申报一项省级以上规划、教研立项课题或重点研究课题，于三年内完成并取得相应成果。

（9）与时俱进，以身立教。积极参与教育高层次领军团队国内、国外研修等，抓住一切进修机会，不断提高自我素质。

第五，为了促进教师在专业发展方面有所建树，特制定"贾国富特级教师工作室"专业研修结业标准如下。

（1）阅读一本教育专著，并写有读后感。

（2）主讲一节教学课例，并被评为优秀（校级以上，含教学设计、课堂实录、评课记录、活动安排和报道）。

（3）撰写一篇教育论文（公开发表）。

（4）组织一次教育活动（校级以上）。

（5）研究一个教育课题（区级课题前三名或市级课题列前六名、省级课题结题排前九名）。

（6）主编一本教育书刊（校级以上使用）。

（7）取得一次工作室考核"优秀"。

（8）获得一次市级以上的荣誉。

以上所指的均是参加工作室期间。成员（学员）在以上8条中符合6条以上，且加入工作室三年期满，经本人书面申请（填写申请表、提交个人三年规划、个人研修总结和以上符合标准的佐证材料）、工作室量化考核合格，经权威教育专家鉴定，方可结业，并呈报教育管理部门备案。

图 4.2　笔者在特级教师工作室办公

(二)工作室研修大事记

从 2013 年 1 月开始，六年多来，"贾国富特级教师工作室"在各位成员的共同努力下，开展了大量的教师专业研修活动，并取得了显著成效。工作室研修主要活动纪要如下。

(1)2013 年 1 月 17 日，广州市教育局在华泰宾馆给予首批教师工作室主持人授牌，特级教师贾国富领衔工作室主持人。

(2)2013 年 1 月，讨论制定《贾国富特级教师工作室三年发展规划》和《贾国富特级教师工作室工作制度》，由主持人执笔起草。

(3)2013 年 3 月 25 日下午，黄埔区教育系统市级名教师、特级教师工作室启动仪式在区教师进修学校崇善大课堂隆重举行。区教育局党委书记唐宏武题词："共建共享工作室，用足用好主持人"。工作室被正式命名为"贾国富特级教师工作室"，首批成员 9 人。

(4)2013 年 3 月，课题"高中基础年级数学作业分层设计的实践研究"审批通过，成为黄埔区首批教育"局长课题"。这是由主要成员王继承起草的工作室的第一个课题。

(5)2013 年 5 月 29 日，召开工作室课题会议，区教育"局长课题——高中基础年级数学作业分层设计的实践研究"正式启动。工作室成员由 9 人增加至 13 人。

(6)2013 年 6 月至 2014 年 10 月，课题研究进入第二个阶段。实验教师设计好相关作业，同时撰写好作业设计和作业评价的心得、经验论文等。

(7)2013 年 8 月，创建"贾国富特级教师工作室"博客，由贾国富老师负责创建。

(8)2013 年 9 月 25 日，"局长课题"开题报告会在广州市第八十六中学召开。贾国富老师做了开题报告，得到评议专家高度评价。

(9)2013 年 10 月 18 日，工作室在广州市第八十六中学举行课例研讨会，工作室成员增加至 16 人。谢春娥老师和张科老师分别执教了一节研讨课。

(10)2013 年 11 月，工作室迎来了黄埔区"三名"跟岗研修的学员曹东老师和马毅勇老师。以实践性取向为导向、以解决问题为中心，帮助跟岗教师提高教学能力、专业水平和素质。

(11)2013 年 11 月 29 日下午，邀请了广东省名教师、特级教师、《广东教学研究》主编林少杰做了"'非线性主干循环活动型'教学模式推广"教育专题讲座。

(12)2013 年 12 月 21 日，工作室全体成员抵达增城中学，考察学校发展情况，与增城中学数学组交流。

(13)2014 年 1 月，贾国富老师参加由华南师范大学主办的教师工作室主持人集训。

(14)2014 年 3 月 18 日，邀请了华南师范大学数学教授吴跃忠博士，在八十六中党员电教室做了"数学习题的教育功能和应试功能"的专题报告。

(15)2014 年 4 月至 2015 年 5 月，课题研究进入应用与推广阶段。八十六中三个年级全面铺开并深化，在八十七中和石化中学进行实践推广。工作室成员增加至 22 人。

(16)2014 年 5 月，课题"高中数学作业分层设计的实践研究"通过审批，成为广州市名师专项课题。

(17)2014 年 5 月下旬，工作室主持人贾国富老师随广州市名师教育考察团，赴山东济南、泰安和青岛教育考察。

(18)2014 年 6 月 3 日，广州市第八十六中学开展工作室课题研讨展示会，谢春娥老师执教研讨课。

(19)2014 年 6 月 27 日，工作室全体成员在贾国富老师的率领下，前往南沙一中参观学习徐辉老师的省级特级工作室，并与数学科组交流。

(20)2014 年 9 月 26 日，工作室迎来了梅州市兴宁中学数学教师彭国君跟岗研修，由贾老师带岗指导。当天，贾老师主讲了一节"数列求和方法"分层教学示范课。

(21)2014 年 10 月 14 日至 2014 年 10 月 19 日，工作室市规划课题

主持人贾国富老师和课题骨干陈少婉老师参加广州市教育科学规划课题培训，并修改确定了课题实施方案。

(22)2014年10月21日下午，工作室的广州市教育科学"十二五"规划课题开题报告会在黄埔区姬棠学校举行。

(23)2014年11月14日，工作室成员甘绮雯老师在八十六中高一主讲了一节课题研讨课，课题为"方程根的分布"。工作室成员和八十六中教师等30多人参加活动。

(24)2014年11月26日下午，数学分层作业应用与推广，工作室在石化中学课例展示和课题研讨，胡文龙老师主讲研讨课。

(25)2014年12月5日下午，全体成员赴仲元中学和谭曙光名教师工作室学习交流。

(26)2014年12月10日上午，部分成员赴广州市六中和严开明特级教师工作室学习交流。

(27)2014年12月10日下午，主持人贾国富老师带领工作室主要成员和跟岗学员，前往郑贤名教师工作室进行了深度访谈和交流。

(28)2014年12月18日上午，在八十六中举行区教育局局长课题中期汇报会，由张科老师把工作室课题研究情况进行了详细的汇报，工作室主要成员参与了会议。

(29)2015年1月5日至2015年1月14日，工作室主持人贾国富参加华南师范大学基础教育研究院主办的工作室主持人研修班研修，顺利结业，并被授予优秀学员。

(30)2015年1月11日，贾国富老师随工作室主持人研修班抵深圳红岭中学、园岭小学和福田中学分别考察了吴磊教师工作室、王鹏教师工作室和于才教师工作室。

(31)2015年3月11日，在八十六中举行省课题"高中数学作业分层设计应用与评价研究"开题报告暨市级教育规划课题中期成果报告会。

(32)2015年3月，工作室为成员每人发一本《教师的幸福人生与专业成长》，供大家学习使用。成员在工作室博客和信息平台上分享学习心得体会 18 人次。

（33）2015 年 4 月 17 日，课题推广到市八十七中，课题课例研讨活动在市八十七中成功举行。伍勋老师主讲课题研讨课。

（34）2015 年 5 月 8 日，工作室赴广州市石化中学进行课例研讨。范从阳老师和唐秀农老师分别为大家展示分层作业同课异构课。

（35）2015 年 6 月 19 日，广东省李赤名师工作室邀请为该工作室跟岗学员做了《构建平台　共同进阶》教师专业研修活动介绍。

（36）2015 年 12 月 4 日，赴广州市第八十四中学开展课题研讨会，由高伟明老师主讲题研讨课，介绍课题在初中实施情况，并进行了工作室教育论文交流。

（37）2016 年 1 月 8 日，工作室主要成员一行 12 人，前往珠海教学教育交流。在北京师范大学（珠海）附属中学观摩了数学课例，贾国富老师做了题为《路在脚下——与青年教师分享成长之路》专题报告，参观了崔雅儒名教师工作室。

（38）2016 年 1 月 9 日，工作室主要成员前往珠海市第一中学进行教育交流，并与珠海市第一中学数学课组进行了互动。

（39）2016 年 3 月 3 日上午，工作室的区级育规划课题"高中基础年级数学作业分层设计的实践研究"在黄埔区科研办会议室举行结题报告会。

（40）2016 年 4 月，编辑了《贾国富特级教师工作室文集——有志者来 守望教育》，主编：贾国富；编委：陈少婉、张科、唐秀农、陈石鑫。

（41）2016 年 4 月 8 日，工作室主持人贾国富应邀赴湛江市麻章区第一中学，为该区 200 多名教师、学校管理人员作教育专题讲座"谈教师专业发展规划"。

（42）2016 年 5 月，工作室主持人贾国富老师开始编写本书。

（43）2016 年 5 月 12 日，工作室主持人贾国富出席黄埔区名校长、名教师、名班主任培训班结业典礼，并在会上发言，欣然赋诗。

(44)2016 年 5 月 27 日下午，工作室的市级教育规划课题在黄埔区姬堂学校举行结题报告会，课题如期结题，并被评为优秀课题。

(45)2016 年 7 月，经个人申请、工作室考核、华南师范大学专家鉴定，第一批有 9 名成员研修学习三年期满，达到结业标准而结业。

(46)2017 年 6 月 25 日，工作室主持人贾国富老师应邀抵廉江市做了"2016 年高考试题命题特点和备考策略"专题报告，参会的有廉江市第一中学师生 500 多人，廉江市第二中学师生 600 多人，廉江市安铺中学师生 400 多人，效果很好。

(47)2016 年 6 月底，工作室成员进行个人量化自评，再由三人考核小组鉴定。本年度成员考核结果优秀 12 人，合格 16 人。

(48)2016 年 7 月，工作室成员甘琦雯的课题论文"方程的根与函数的零点的教学设计与反思"在《数学学习与研究》上公开发表，国内刊号为 CN 22－1217/O1；国际 ISSN 为 1007-872X。

(49)2016 年 8 月，工作室主持人贾国富的课题论文"高中数学作业分层设计的基本策略"在《数学学习与研究》上公开发表，刊号为 CN 22－1042/G4；国际 ISSN 为 0529-0252。

(50)2016 年 8 月，工作室主持人贾国富的德育论文"真情投入 大胆放手"在广西新闻出版局《求知导刊》公开发表，国内刊号为 CN 22－1217/O1；国际 ISSN 为 1007-872X。

(51)2016 年 11 月 25 日，工作室主要成员前往肇庆市第六中学教学教育交流。工作室主持人贾国富老师做了"路在脚下——教师专业发展漫谈"专题讲座。

(52)2016 年 12 月 5 日，应广州市教育名家工作室主持人李赤邀请，贾国富老师做了题为"钟情教育 执着守望"特级教师工作室成果展示。

(53)2017 年 6 月 4 日，工作室的省级教育规划课题"高中数学作业分层设计应用与评价研究"在黄埔区教育研究中心会议室如期结题。

(54)2017 年 8 月，贾国富老师教育专著《追梦——一位数学教师的四十年教育实践》由暨南大学出版社公开出版。

(55)2017 年 9 月 30 日，工作室在广州市第八十六中学举行了教育活动展示会，展示了工作室四年在课题研究、课例探讨、教师研修、教育交流和成果推广等方面的成果。

(56)2017 年 10 月，贾国富老师参加广州市培训者培训，结业并荣获优秀学员称号。

(57)2017 年 10 月 24 日，贾国富老师应邀为李赤工作室跟岗学员做了"基于教师专业成长的校本培训——以广州市第八十六中学数学教师为例"专题讲座。

(58)2017 年 11 月 10 日，贾国富老师应邀为前来广州市第八十六中学初中部教育考察的佛山市南海骨干名师 60 多人，做了题为"教师专业成长平台——教师工作室的建构与展望"的报告。

(59)2017 年 12 月 1 日，工作室一行应邀抵云浮市邓法纪念中学教育交流，贾国富老师做了题为"教师工作室的目的与任务——以黄埔区数学教师为例"的报告。

(60)2017 年 12 月 5 日，接待湛江市谢明春名师工作室一行来我工作室考察交流，贾国富老师做了题为"教师专业发展平台的建构与展望"的主题讲座。

(61)2018 年 5 月 25 日，工作室第二届论文论著评选，有 29 篇论文论著上榜。

(62)2018 年 6 月 25 日，"贾国富名师工作室"新一轮名师工作室在广州市华侨中学授牌。

(63)2018 年 6 月 28 日，工作室科研成果"高中数学作业分层设计应用与评价研究"获广州市总工会颁发的铜奖。

(64)2018 年 7 月，张科主编的工作室丛书之八《名师引领　扬帆远航》付梓。

(65)2018 年 10 月 27 日，汕尾市欧阳先平名师工作室等抵八十六中与我工作室教育交流。

(66)2018 年 11 月 2 日，广州石化中学举行了新一轮贾国富名师工作室启动和杨山工作坊揭牌仪式，会上授予张科、宋君平、杨山和黄亮老师为各工作坊的主持人。

(67)2018 年 11 月 9 日，工作室主要成员抵中山市在中山市一中和龙山中学进行教育交流活动。

(68)2018 年 11 月 19 日至 2018 年 11 月 30 日，工作室部分成员参加了人教 A 版新教材审读试教。

(69)六年来，工作室已经编辑了《贾国富特级教师工作室丛书》九本，分别如下。

①带着信念前行——工作室发展手册。

②有志者来 守望教育——工作室教育文集。

③钟情教育漫耕耘 执着守望树新人——贾国富的四十载教育情怀之路。

④南雁北飞 诗画怡情——贾国富教育诗画集(续)。

⑤以生为本 潜心科研——教育课题材料汇编。

⑥合一知行 与时俱进——贾国富教育文集。

⑦追梦——一位数学教师的四十年教育实践。

⑧名师引领 扬帆远航——教师专业成长案例。

⑨守望——贾国富教育诗集。

各种教育活动有序开展，产生了较好的教育辐射和引领作用。

(三)率先垂范立教坛

2014 年 9 月 9 日，我应邀参加了广州市政府举行的第 30 个教师节座谈会，受到广州市市长陈建华的亲切接见，并有机会在座谈会上畅所欲言。我在座谈会上欣然谈了以下四点。

1. 坚守一线到永远

我在教育教学工作第一线，已经工作了近 40 年。在教坛上默默的耕耘中，我体验到了人生最大的幸福。每个教师节，一封封热情洋溢的信，一张张饱含谢意的精致卡片，一个个节日慰问的信息和电话，从四面八方飞到我的身边，心里总是充满了欣慰与自豪。教师付出了，学生不会忘记你，领导不会忘记你，社会不会忘记你。人生最大的幸福是什么？我的理解是，人生价值得到充分显现，付出得到社会高度认可。我除一直任两个班的数学教学任务外，还做了四年班主任、六年级组长，两年特级教师工作室主持人。

我只是做了一个教师、一个共产党员该做的事。但党和人民却给了我无限的荣誉。2005年，我被授予广州市优秀教师；2012年，我被授予南粤优秀教师称号；2013年1月，我被认定为广州市首批特级教师工作室主持人；2014年，我被授予全国模范教师称号。

"衣带渐宽终不悔，为伊消得人憔悴"。教师的职业生涯是值得我们穷尽毕生精力守望的。

2. 教师任重又道远

时代赋予我们教师的使命，任重道远。人民的教育事业，需要高素质的教师，需要能跟上时代步伐的教师。教育是塑造人的灵魂的伟大事业，是"心灵与心灵的沟通，灵魂与灵魂的交融，人格与人格的对话"。人民教师要立德树人，坚持培育学生健全人格，培养学生积极的心理品质和乐观向上的品格，学会创造幸福，分享快乐，关注学生的内心世界，塑造学生纯真完美的心灵。高度重视对学生的人文关怀，营造良好的师生关系、同学关系，为培育学生健全人格提供良好氛围。

我眼中的好教师标准如下（32个字）。

为人师表，敬业爱生；与时俱进，理念更新；善于合作，惠及同仁；追求卓越，学习终身。

社会在进步，新时期的教师，必须终身学习，促进专业知识、专业技能的发展，更重要的是专业态度、专业信念、专业情感的不断更新和完善。

3. 学生成长有乐园

有品格的高中学校绝对不会只盯着高考，有品格的教育绝对不会只盯着分数。我耳熟能详的广州市第八十六中学，已经连续九年荣获广州市高中毕业班工作一等奖。外界听结果好像是师生死拼才得到的这些荣誉，才能逾越高考这道独木桥。其实不然，如果真靠死拼和只抓升学率得一等奖，学校也走不了这么远。相反，广州市第八十六中学特别注重学生的全面发展。设计和推出了丰富多彩的校园文化活动，有体育艺术节、元旦文艺汇演、爱农学农活动、生存拓展训练、跳蚤市场、科普国防教育等，学生活动丰富多彩，学生有摄影社、街舞社、魔术社、音乐社、管乐社、动漫社、辩论社、足球社、羽毛球社、网球社、乒乓球社、航模社、双节棍社、吉他社等 18 个社团。所有的活动都由学生自主管理、自主协调。所有的活动背后都是教育付出的，都不是为了完成某项任务、应付上级某项检查的。学生在活动中享受着成长的快乐，感受着校园的美好，体验到人生的价值，并主动地发展个性，人人都能成为对社会有用的人。

正因为在广州市第八十六中学我的身边有一群人在用心做教育，坚守在教育工作的第一线，用心设计和引导，默默奉献，才使孩子们在高中阶段有了成长的乐园。

4. 教育教学有方法

个人近期工作目标是"使学生学数学不再痛苦，带动身边更多的同事用心做教育"。一方面，我要通过努力，使我的学生将来学数学不会感到那么困难。我的工作室正在做一个课题"高中数学分层作业设计实践研究"，这个研究是根据学生的数学基础和接受能力，分层作业，分步到位。把学生的兴趣激发出来，让他们乐学、善学。另一方面，我想通过特级教师工作室平台，影响身边的教师，大家一起来用心做教育，关注学生成长，提升教育理论，研究教学方法，探讨教学课例，研究教育课题等。在教育教学一线有许多接地气的课题素材值得研究，它与我们学生目前的学习和未来成长，与教师常规教学工作和专业发展，与一线的教育教学工作都贴得很近、很紧。我期望在我的身边，聚集大批热爱教育、乐于奉献、扎根一线、理论与实践密切结合的教育同人。

（四）谈教师专业发展

我国的教师专业化意味着逐步提高学历层次，提高学术水平，提高实施素质教育的能力以及职业专业化是现代教育发展的要求和必然趋势，是现代教育与传统教育的重要区别。教师专业化发展已成为国际教师教育改革的趋势，受到许多国家的重视，也是我国教师教育改革的一个重要方向。

教师专业化指教师职业具有自己独特的职业要求和职业条件，有专门的培养制度和管理制度。教师专业化的基本含义如下。第一，教师专业既包括学科专业性，也包括教育专业性，国家的教师任职既有规定的学历标准，也有必要的教育知识、教育能力和职业道德的要求。第二，国家有教师教育的专门机构、专门的教育内容和措施。第三，国家有对教师资格和教师教育机构的认定制度和管理制度。第四，教师专业发展是一个持续不断的过程，教师专业化也是一个发展的概念，既是一种状态，也是一个不断深化的过程。概括而言，教师专业化的内涵包括专业技能、专业道德、专业自主和专业组织等方面。教师专业化是教师个体专业不断发展的过程，本质上是个体成长的历程，是教师不断接受新知识和提高专业能力的过程。

专业化，第一要有明确的分工。教师是解决培养人才"怎么培养"问题的人。大多数教师心里，都是装着当前具体的教学工作。如果扪心自问，我们每天从事的工作，对于学生有多少培养的作用？是否有助于学生终身的发展，有助于创造学生的人生幸福？对这个问题，许多老师可能还没有认真想过。

一个教师，如果不把"培养人才，怎么培养"这个问题从理论到实践加以解决，那么这个教师就不是专业的。老师每天平凡具体、琐碎细致的教学行为，都应该体现对学生的培养，这才是专业的。孩子从上午七点半一直坐到下午五点多；如果课后还有"兴趣班"，那就继续坐着听讲。教师们这样一天坐下来也受不了，何况十几岁的学生呢！又例如德育，学校虽然有专人负责，那其他老师是否就可以不闻不问了呢？其实，学生上每一位老师的课，都是耳濡目染的过程，学生到你的班里，原来不爱学的爱学了，原来不懂事的懂事了，这就是德育。老师的身教，比空口说教的效果好得多。是不是每一位老师都意识到了这一点呢？

专业化，第二要有专门的、规范的知识和技能的训练，有严格的要求，关键是有教育科学和教育技术的含量。

有人把老师戏称为教书匠。木匠、铁匠、瓦匠、教书匠，这并不是贬义词。匠人也有能工巧匠，手艺巧夺天工，可以做出精美绝伦、流传千古的工艺品。能工巧匠，靠的是手艺。例如，铁匠的手艺高，能手工做出一个光亮的铁球再在大铁块上掏出一个圆窟窿，拿球放在这个圆窟窿里，正好严丝合缝，无论怎么转，都是那么合适。这手艺够高，我们也相信真有这样高明的师傅。但是，要说手艺特高的铁匠能造出一个手机，或一台电脑，我们绝对不信。因为那里边不只是手艺，主要靠科学和技术。

专业化的研究型教师、教育专家跟教书匠的区别，就在于教育科学和教育技术的含量。教师要专业化，必须掌握教育科学和教育技术，有专门的规范的知识和技能训练。判断专业水准的标准主要有两条。

第一条是不可替代性。不可替代性越强，专业化的水准越高。第二条是研究精神和创造精神。什么是研究精神？就是勤于探索"是什么""为什么""做什么""怎么做"。对于大家习以为常的事，自己总是爱琢磨。过去我们就常说，教师的思维能力表现之一就是能不断地提出任务，不断地解决问题；表现之二是熟悉学生的思维规律，能帮助学生排除思维障碍。

什么是创造精神？就是总在琢磨"有没有别的办法；能不能更好点"，这个课你教过五遍了，今年再教这个课，能不能用一种别的办法？试一试，能不能再好点？这就是创造性的工作。如果说，这课我反正教过五遍了，任何时候你想让我上，我都能上一遍，那样只是一个熟练工，就没有创造性了。研究并不神秘，创新也不神秘。研究水平和创新精神，标志着专业化的水准。

总之，教师专业化，就是一个教师不断发展和完善的过程，是一个教师一辈子需要不断进行的事。

二、与你同行美梦圆

(一)教育征途同步迈

为了帮助年轻教师在教育岗位上顺利成长，工作室建立"师徒结对"制度，确定师徒关系后，签署协议，明确师徒的责任和义务，并举行拜师仪式。

以下是我在师徒结对仪式上的发言。

能给充满活力的青年教师当师傅，是信任，是嘱托，是荣幸；更是责任，是压力，是义务。借此机会，请允许我代表全体教师师傅向大家表个态：结对之后，我们依然会努力鞭策自己，不断反思，集思广益，在业务上进一步提高自己，使自己无愧于"师傅"这神圣的称呼。在工作中，我们会毫无保留地与徒弟们交流自己的工作经验及心得体会，在徒弟们遇到困难时，及时给予真诚的关心和帮助，师徒在合作的道路上携手前进，共同成长。

我相信，师徒结对活动，它绝不是一个简单的形式，也不仅仅是一个协议。他的建构更是一个团队，一种文化，它让我们师徒在携手前进的征途中，一起收获成长的喜悦，共同感悟手心相连的快乐。

在这里，我对年轻教师提出三点建议。

第一，抓住机遇，主动发展。"师傅领进门，修炼在个人"。望年轻教师充分利用这个成长平台，在师傅的指导和带领下，主动地学习，严格地要求自己。平日里一定要勤学多问，多听课，多讨论；多反思，多总结，有问题及时向师傅请教，有困惑及时向师傅咨询；认真学习教育理论，刻苦钻研教材教法；在学习师傅经验的同时，注意与自身特点相结合，学以致用，多探索，多积累，快速找到符合自己的特色的教学思路和教学风格。

　　我的教龄比较长，荣誉也比较多。其实，好多机会也是偶然的，不经意的。我第一次正式发表的论文"数学高考命题的特点回顾"是在 1991 年华中师范大学的《数学通讯》上，3000 多字，120 多元稿费。送稿前征求师傅的意见，师傅说："大胆发吧！退稿也没有什么"。我只是抱着侥幸的心理寄出稿子的。但发表了第一篇论文，它对我的鼓励是非常大的，也才有了以后的许多文章。我获得第一次市级讲课一等奖也是逼出来的，因为那个很有获奖潜质的老师临时变卦，师傅才推荐我顶上去到区里初赛，我只得硬着头皮参赛，结果在区里得了第一名，以后到市里得了一等奖。通过这两件事，我的体会是：机会虽不是经常有，但参与就能进步。

　　第二，"三人行，必有我师"。你的师傅并不止一个人，也并不止一个学科。我们学校，我们身边的每一位老师都是你的师傅！他们有的教学经验丰富，有的教研工作开展得好，有的班主任工作有特色，有的研究课题有水准等。博采众长，你会受益无穷。

　　第三，教学相长，切磋提升。师傅有经验、阅历和敬业精神，而你有青春、朝气、精力和勇气。我们是师徒，是同事，也是朋友。因此，在教学活动中，你们既要向师傅虚心求教，经常切磋，共同提高，也要潜心钻研，大胆创新。请相信，你们的独到见解和独特风格，也是八十六中的资源和财富。

> 师徒结对搭平台，
>
> 教育征途同步迈。
>
> 虔诚敬茶行仪式，
>
> 主动发展天地开。

衷心祝愿所有的年轻教师：青出于蓝而胜于蓝！

（二）路在脚下——与青年教师分享成长经历

　　难忘的 2014 年教师节，在我从教 37 年的时候，荣获"全国模范教师"，得到教师的最崇高的荣誉。接着，我成为广州市"走进好教育"系列丛书"好教师"遴选对象。静下来对自己的教育生涯进行了回顾，几次应邀为教师专业成长现身说法。下面是自己对教育教学生涯的反思、总结和感悟。

我的一生用两个字可以概括：平凡！

我有幸荣获 2014 年"全国模范教师"——教师的最高荣誉，是沾了黄埔区教育的光，沾了八十六中老师和领导的光，沾了八十六中数学组的光。在数学组，在八十六中，在黄埔区，比我做得好的老师比比皆是。在数学组年轻教师中，可以看到我年轻时的影子。我在八十六中工作期间，包括做年级长和主持工作室期间，大家对我的支持和帮助很大，在此表示衷心的感谢！"全国模范教师"是我们数学组 26 位同仁的荣誉，是八十六中 170 名教职工的荣誉，是黄埔区 3500 名专业教师的荣誉！

1. 自我成长经历与感悟

(1) 自我成长经历：丰富但不曲折，幸运而且幸福。

我年龄 56 岁，教龄 37 年，34 年(在 1993 年 8 月到 1999 年 7 月的 6 年间，既是班主任又兼级长)班主任或级长经历；从 17 岁开始教书，一直没有离开教育教学一线。

初中教师(民办)(2 年)；师范教师(6 年)；高中教师(湖北 16 年，广东 13 年)，还可以工作三年。

个性特点：细心态度真，有事必躬亲；吃苦不言苦，态度定高度；快乐在心态，阅历即财富；承上不犯上，服从不盲从；启下不欺下，群众是基础；惜名不争利，廉洁钱分清；走北又闯南，并非为钱程；谋事由人定，成败在天分；年轻努力拼，壮年百事顺；从政不涉深，坚守一线情；与时需俱进，荣誉伴终身；心闲赋诗篇，逍遥在天新！

公开发表的论文不少，但其水准并不高，更没有专著；编写公开和不公开的教育、教学资料许多，但参编不包销，从来不兜售给自己的学生；经常在课余给学生做无偿辅导，或偶尔给朋友的孩子帮忙补习，但从来不在机构兼职或公开家教；个人用度开销一向节俭，甚至显得吝啬，但向来不谈论工作报酬或多或少；对于公款的每一分钱都会清清白白，有据可查；生活和工作是一首首打油诗，记载着自己人生的轨迹和快乐。

（2）对自己教育教学生涯的反思和总结。

明志：坚定志向，目标确定。

笃行：坚持不懈，合一知行。

反思：坚信理念，与时俱进。

守望：坚守一线，从教终身。

一生也有许多遗憾：水平不高，个头不高，但血压血脂高；工作业绩不突出，教学风格不突出，腰椎间盘却突出；在教育、教学、教研、管理等方面均懂行，但都不精通；我做事一向不主动，但承担的每一件事情都会认真做好；年轻时代，只有不够做的工作，没有做不完的事情；虽然荣誉至高，甚至吓人，其实我做得远远不够；性格过直，与群众关系融洽，但不喜欢与领导亲近；一年内随手顺口能吟几十篇打油诗，自娱自乐，但没有一篇在诗刊上公开发表。

我已经是快退休的人了，有些性格也许已经改不了，一切都要看在座的同人了，前途是你们的！

上报到广东省评选的公示材料摘录。

贾国富，广州市第八十六中学数学中学高级教师：

他，早已年过半百，但仍然活跃在教育教学第一线，领衔特级教师工作室主持人，还担任两个班的高中数学课教学任务。也许，你不相信，但确实如此。他就是"2013年度感动八十六中人物"贾国富老师，他已有37年教龄，2001年10月，被授予数学特级教师、国家级中小学骨干教师；2012年，被授予"南粤优秀教师"；2013年1月，被认定为广州市首批特级教师工作室主持人。

（3）人生感悟。

故事一：木匠的故事。

一个上了年纪的木匠准备退休了。他告诉他的雇主他不想再盖房子了，想去与他的老伴过一种更加悠闲的生活。他虽然很留恋那份报酬，但他该退休了。他们的生活也能过得去。

雇主看到他的好工人要走感到非常惋惜，便问他能不能再建一栋房子，就算是给他个人帮忙。木匠答应了，随着时间的推移，显而易见的是他的心已不在工作上，不仅手艺退步，而且还偷工减料。以这种方式结束他所热衷的事业令人感到遗憾。木匠完工后，雇主来看房子。他把前门的钥匙交给木匠。"房子归你了，"他说，"这是我送给你的礼物。"木匠感到很震惊！太丢人了！要是他知道他是在为自己建房子，他做事的方式就会完全不同了。

我们也是一样。我们每天都在书写我们的人生，往往并没有竭尽全力。那么我们也会吃惊地发现我们将不得不住在我们自己建的房子里。如果我们可以重来，情形就会大不相同。但我们无法回头。

你就是那个木匠。每天你钉一颗钉子，放一块木板，垒一面墙。

感悟之一：人生就是一项自己做的工作。

你今天做事的态度和所做的选择，将要筑成你明天要住的"房子"。我们很多人都很羡慕别人在一个好的职位上，好的工作岗位上，但很少有人会反省，我是不是在为这样的一个好的工作职位在努力，在做准备，你是不是具备这样的资质，人生是自己做的一项工作。态度随时都会体现的，你一生点点滴滴的选择，决定了你人生的品质和人生的高度。

故事二：青蛙的故事。

从前，有一群青蛙组织了一场攀爬比赛。比赛的终点是一个非常高的铁塔的塔顶。一大群青蛙围着铁塔看比赛，围观者为他们加油。

比赛开始了！老实说，这群青蛙没有谁会相信这些小小的青蛙会到达塔顶，它们都在议论，"这太难了！它们肯定到不了塔顶！它们是绝

176

不可能成功的，塔太高了！"听到这些，一只接一只青蛙开始泄气了，除了那几只情绪高涨的青蛙还在往上爬。群蛙继续喊着说："这太难了，没有谁能爬上顶的！"越来越多的青蛙累坏了，退出了比赛，唯有一只青蛙却还在越爬越高，一点没有放弃的意思。

最后，其他所有的青蛙都退出了比赛，除了有一只青蛙，它费了很大劲，终于成为唯一一只到达塔顶的胜利者。

很自然，其他所有的青蛙都想知道"胜利者"是怎么成功的。有一只青蛙还跑上去问了那只"胜利者"，你哪来那么大的力气爬完全程？结果发现这只青蛙的耳朵听不见。

这个故事的寓意是：永远不要听信那些习惯于消极悲观看问题的人，因为他们只会粉碎你内心对美好事物的梦想与希望，要记住，你听到的那些消极的话语都会影响你的行为。

感悟之二：教师一定要保持积极乐观的心态。

所以，我们总要保持积极、乐观的心态！而且，当有人告诉你的梦想不可能成真时，你要学会变成"聋人"，对此充耳不闻！

理想一定是要有的，万一实现了呢？

尽心育人，但不要拿学生的过错悔恨自己；尽力教书，但不要以学生的分数评论成败。

宁静致远，淡泊名利，低头做事，抬头做人！

感悟之三：世事公平，机遇不常有；吃亏是福，历练是财富。

付出才能有回报，回报有早晚；机遇稍纵即逝，人身机遇不常有。

我在青年时期的经历：经常承担公开课，年年参加数学学会年会和教研会的活动，荣誉不高但也有许多。总感觉时间不够用，事情不够做。

从教37年，我一直坚守在教育教学工作的第一线，并满负荷工作，经常是任两个班的数学课，一直兼班主任或级组长，或教师工作室主持人。1994年到1999年这几年间，我带两个班的课程，担任重点班的班主任和年级主任，超负荷工作。12年前，在湖北已经有过国家级骨干教师、省级特级教师、省级优秀教师等荣誉称号，市高评委专家组成员。加入广州教育后，我也一直没有闲着，十三年如一日，一路陪伴着八十六中蒸蒸日上，始终坚持在教育教改实践工作的第一线，为教育教学研究获得直接的感性材料。我是广东省和广州市高评委专家组成员、特级教师评委专家组成员，广州市继续教育专家组成员；2005 年，我被授予广州市优秀教师；2012 年，我被授予"南粤优秀教师"；2013 年1月，我被认定为广州市首批特级教师工作室主持人；2014 年，我被授予全国模范教师。全国模范教师荣誉，在广州市的十三万专业教师中，五年内只有两位教师荣获此殊荣。万分荣幸，真是"享尽了教师的所有荣誉"！

感悟之四：享受教师职业幸福伴你人生。

教育是爱的共鸣，是心灵与心灵沟通。教师只有热爱学生，才能教育好学生。教育不仅仅是谋生的手段，还是丰富精彩的生活本身！享受教师的职业，欣赏你的学生，幸福每天伴随着你。

2. 青年教师成长漫谈

(1)成长从认识自我开始。

青年教师成长的基本规律。知识结构对青年教师成长过程的影响；工作态度对青年教师成长过程的影响；组织能力对青年教师成长过程的影响；人际关系对成长过程的影响。

影响青年教师成长的主要因素。职业理想是其成长的动力要素；教育理念是其成长的关键要素；知识水平是其成长的基本要素；教学能力是其成长的核心要素；环境是青年教师成长的外部要素。

数学教师的知识结构和能力结构。知识结构：数学专业知识，教育科学知识；一般文化科学知识。能力结构：接受并加工信息能力，传递信息能力，自我调节能力，组织管理能力。

(2)成长在教学过程中进行。

认识自我的薄弱点，尽量客观公正地评价自己。

教学过程中的平稳心态；用自己或别人的长处去弥补自身不足；把点滴积累作为一个教育者的智力财富和教育的明智(教后记或反思日

记）；读三类书（学科、名教育家启示、心灵书籍）；遇到不如意的事或挫折时，一定要冷静，并对自己说："我还年轻，可以重来!""没有什么，一切都会过去的!"

（3）理解新课程的教学理念，在教学行为上下功夫。

从注重知识传授转向注重学生的全面发展；从"以教师教为中心"转向"以学生学为中心"；从注重教学的结果转向注重教学的过程；从统一规格的教学模式转向个性化教学模式；从评价模式的单一化转向评价模式的多元化。

（4）积极关注和研究学情，是提升教学技艺和教学水平的必经途径。

关注学生的心理和思维特点；研究和教育最"差"的学生；教与学的相互依存性；抓住一切观摩课堂的机会，并大胆发表意见；积极参与教育教学研究活动，并承担公开课；脚踏实地，虚心向老教师学习，尊重领导、同事；知难而进，做好班主任工作。

"亲其师，信其道"；评模晋级优先。学生一般会先做班主任所带学科的作业，学生在二十年后可能只记得班主任。

成功路在何方？路在自己脚下!

（三）凝心聚力 扬帆远航

此文原载于《贾国富特级教师工作室文集——群英荟萃 扬帆远航》。

开办特级教师工作室，凝心聚力，吸引了一批热爱教育的中青年教师。工作室搭起教师专业成长的台子，健全工作室的规章制度和实施方案，给年轻人指路子；让他们参与课题研究过程的研修，并提出严格的研修结业标准，给他们压担子；开辟与相关教师工作室和学校教育交流的渠道，营造人才成长氛围环境，为教师成长架梯子。工作室的 30 个中青年教师专业迅速成长，各个层次都有长足发展。2016 年 9 月，已经有 9 位成员三年研修期满，达到了结业标准，并经华南师范大学专家鉴定合格，而成为一批结业成员。从工作室走出一批专业优秀、致力教育的精英，对其中优秀成员之一张科的成长历程介绍如下。

2013 年，广州市第八十六中学的张科老师成了贾国富特级教师工作室的一名主要成员，他是我的得力助手。在工作室，我负责规划和制度等顶层设计、工作室办公环境和网络交流平台的建构和管理、阶段的计划与总结考核等。各项具体工作的实施主要都是有工作室助手张科老师去落实。张科老师勤奋好学，敢于担当，勤于实践，勇于探究，化茧成蝶，美丽蜕变。他一步一个脚印，完成了工作室预期的目标以及个人制订的三年发展规划，不管是教育教学能力还是课题研究水平，都得到了长足的发展。

1. 教育科研显身手

三年来，张科老师在教育科研方面的发展可以说是突飞猛进。三年前，他对教育科研的认识是非常肤浅的，认为课题研究是很深奥、复杂的东西，这些都是教育专家们的事情，与他无关。当时，工作室聘请的课题研究方面的专家曲天立老师给成员们进行了"一线教师如何开展课题研究"的讲座，曲老师的核心观点是"问题即课题、教学即研究、成果即成长""老师们在教育教学中遇到的问题就应该是要研究的课题"。张科老师随即对课题研究表示出极大的兴趣，在我的带领和鼓励下，他开始参与了第一个课题：黄埔区教育局局长课题"高中基础年级数学作业分层设计的实践研究"。从如何撰写开题报告开始，到讨论、编写、实施"高中数学学科学生作业现状的问卷调查"，最后当他独立撰写的论文《高中数学学科学生作业现状调查研究》刊登在江苏大学主办的《数学教育研究》上时，他非常激动。他对我说："谢谢您，贾特！这是我的文章第一次被公开发表！"。随着研究的深入，我们的局长课题升级为广州市名师专项课题"高中数学作业分层设计的实践研究"，后来又进一步发展成为省级课题"高中数学作业分层设计应用与评价研究"。张科老师也陆续把他在课题研究中的一些思考、实践和感悟写成论文，且多篇论文已公开发表。如论文《学习小组模式下高中数学分层作业的分层讲评策略》发表于福建师范大学主办的《福建中学数学》。论文《高三数学试卷的分层讲评策略》发表于陕西师范大学主办的《中学数学教学参考》（下旬）。

这些论文的发表不仅是研究成果的直观体现，重要的是在这些课题的研究过程中，张科老师阅读了大量和课题相关的理论书籍和文章，了解到当前教育的最新研究动态，而且学会了课题研究的必备技术。比如，如何写课题申报书，做开题报告重点要关注什么，结题报告又要注意什么问题等。更为关键的是，作为一名年轻教师的他，开始真正地去反思自己的教学行为，解决学生在学习过程中遇到的实际问题。最终张科老师的教学效果明显转变，教学成绩得到了很大的提高。他所带班级的数学成绩明显好于同类班级。特别是课题研究遇到具体问题，他总是虚心求教，主动交流，并积极发表自己的见解。

2. 分层教学走前列

课堂是教师最为宝贵的研究原野，提升教学能力是教师永远的必修课。在这方面，工作室为青年教师的专业成长提供了丰富的资源和良好的平台。张科老师曾经对我说，在进入工作室之前，他对于上公开课总是感到比较恐惧，能推托就推托，很少主动争取。但进入工作室后，我首先给他指路子，并给他示范、指导，再给他压担子，鼓励他尽量争取机会展示自己，尽量承担公开课。如 2014 年 6 月，张科老师承担了工作室分层教学研讨课"椭圆及其标准方程"；2015 年 4 月，他又承担课题探讨课"利用导数研究函数的单调性"，均得到专家的指导和肯定。特别是"利用导数研究函数的单调性"这堂课给我留下了很深的印象。这是一堂习题课，其中有一个例题，在分析的时候，张科老师班上有个同学提出了自己的想法，但这个方法不是他期望学生掌握的重点方法。为了把课前准备的教学内容上完，张科老师就没有过多地去分析这个方法，而是忽略了它，直接去讲他自己的解题方法。评课的管老师对这个例题的处理提出了自己的观点。管老师认为，课堂上教师的一项重要任务就是引导学生去分析、解决问题，培养学生的思维能力。教师要重视学生思考的过程或结果，而不能忽略或回避。他接受了建议，以后当课堂的生成和教师的预设出现偏差的时候，他以学生为主体，去分析、利用这些课堂资源，师生一起共同思考、讨论问题，加深学生对知识的理解和掌握，使教学课堂成为高效课堂。每次的评价和指导，都会给张科老师很大的启发，让他逐步对课堂教学有了更深的理解！

3. 教育分享捷报传

交流学习是工作室经常开展的一项有意义的活动。工作室的交流活动有两种，"请进来"和"走出去"。"请进来"主要是聘请一些经验丰富的专家给工作室的全体成员和学员开讲座或者做教学、课题研究方面的指导。如 2013 年 11 月，工作室邀请了广东省名教师、特级教师、《广东教学研究》主编林少杰，做了"'非线性主干循环活动型'教学模式推广"教育专题讲座；2014 年 3 月，工作室邀请了华南师范大学数学教授吴跃忠博士，在学校党员电教室做了"数学习题的教育功能和应试功能"专题报告等。"走出去"主要是对一些优秀的学校、工作室进行考察交流，学习、借鉴他们的优点，促进工作室的发展和成员、学员的专业成长。如 2013 年 12 月，我们工作室全体成员抵增城中学，考察学校发展情况，与增城中学数学组交流，让大家见识了一所优秀中学的底蕴与风采；2014 年 6 月，工作室全体成员，前往南沙一中参观徐辉老师的省级特级工作室学习交流，学习了先进工作室的管理制度和经验；2014 年 12 月，工作室全体成员赴仲元中学，和广东省谭曙光名教师工作室学习交流，让大家领略了大师的追求与务实；2015 年 12 月，工作室赴广州市第八十四中学开展课题研讨会，听取了高伟明老师主讲的课题研讨课"分式"，并进行了工作室教育论文交流活动，我们一起交流、研讨。每次交流活动后，我都要求工作室的全体成员、学员撰写心得体会，把所见、所闻、所感落实到文字上，真正地做到学以致用。张科老师总是非常积极地参与这些活动，他跟我讲："贾特，他山之石，可以攻玉，工作室的系列活动，真的让我受益匪浅，不断成长"。

此外，我还经常给大家推荐一些优秀的书籍供我们工作室的全体成员、学员阅读，并要求他们写读书心得。如《教师的幸福人生与专业成长》《学与教的心理学》等，张科老师每次都认真地阅读这些书籍，并结合他自己的实际情况，进行借鉴和反思。这两年，我和工作室成员一起编写了"贾国富特级教师工作室丛书"，张科老师认真地进行了校对工作，并提出许多成熟的建议。有一次，他笑着问我："贾特，你什么时候让我也做一回主编啊？""好！求上进，机会多。"

总之，工作室为成员的专业成长提供了一次很好的机会，为他们搭建了展示自我、体现自身价值的舞台。张科老师通过这三年的锻炼，积累了丰富的教学经验，教育科研水平得到极大的提高，是我们工作室教师专业成长的典型代表。工作室的经历，让他的职业生涯化茧成蝶美丽蜕变。他说，他要做一名"实践着的思考者"。希望他在以后的教师生涯中走得更稳、更远！

（四）共建共享 携手向前

> 羊城面朝大海，
>
> 教育春暖花开。
>
> 一线名师专家，
>
> 领衔主持挂帅。

几年来，为了完善工作室的建设和开设学员研修课程，我工作室与广东省内二十多个名教师工作室、二十所中小学学校和单位，共同协作，分享教育成果，共享教育资源，辐射南粤。下面是在历次教育交流活动中，笔者即兴抒发的教育情怀与感悟，摘录与大家分享。

花满陶园

> 靓宋博士好领班，
>
> 点石成金耀华南。
>
> 春风化雨孵明师，
>
> 紫荆花开满陶园。

（华南师范大学基础培训与研究院 宋春燕博士）

巾帼大师

大学大师面对面，

一席教诲胜十年。

进德修业静安好，

教坛巾帼不亚男。

（广东第二师范学院 数学系教授 陈静安）

教坛哥大

思想辐射黄埔港，

人格魅力誉珠江。

师生成长尽沃土，

教育强区红旗扬。

（广东省名教师工作室主持人 正高级教师 特级教师 李赤）

纵谭教育

学科考试堪专家，

核心素养首要抓。

广州一模享全国，

纵谭教育誉中华。

（广州市教育研究院原副院长 特级教师 正高级教师 谭国华）

杏坛首席

杏坛精英数国强，

南粤教育领风尚。

三化作文惠学子，

正高名师众归望。

（广州市名教师工作室主持人 特级教师 正高级教师 周国强）

儒雅风范

师大附中前景宽，

儒雅名师领风范。

教育科研特色鲜，

人才辈出自摇篮。

（广东省名师工作室主持人 北京师范大学珠海附属中学特级教师 崔雅儒）

杏坛同仁

广州湛江一线牵，

夜半通话论椭圆。

莫道征途路遥远，

南粤杏坛有同伴。

（湛江市名师工作室主持人 正高级教师 特级教师 谢明春）

时代舞者

南粤杏坛屹劲松，

时代舞者逸从容。

教育专家守一线，

科研兴学校园红。

（广东名教师工作室主持人 深圳市深大附中正高级教师 胡兴松）

德才双馨

美女徐校德才双，

严谨治学求新创。

读书修己领风尚，

兼济天下盛名扬。

（珠海市数学名师 北京师范大学珠海附属中学副校长 徐佩琴）

梅莉校长

美丽校长德才馨，

数学名师耀肇庆。

合作学习辟蹊径，

南粤教坛四季春。

（肇庆市数学名师 肇庆市六中副校长 梅莉）

相聚云城

科研兴教国强富，

璀璨邓中照云浮。

都市桃源迎宾客，

四年再聚拜六祖。

（云浮市数学名师 邓发纪念中学教务主任 顾国强）

南粤旗帜

岭南杏坛迎曙光，

名校一帜红旗扬。

科研师训显特色，

引领教育新风尚。

（广东省名教师工作室主持人 仲元中学高级教师 谭曙光）

南沙明珠

珠江出海三水汇，

南沙旭日尽朝辉。

教无地域畅分享，

教坛英才比翼飞。

（广州市特级教师工作室主持人 特级教师 南沙一中书记 徐辉）

文曲烁星

王者归来居翰林，

苏元闪烁文曲星。

厚德格物立杏坛，

功名利禄视浮云。

（广州市名教师工作室主持人 广州市二中正高级教师 王汉文）

师生乐园

海上明珠聚正贤，

信息教育走前沿。

传承师道领风范，

师生成长尽乐园。

（广东省名教师工作室主持人 特级教师 正高级教师 郑贤）

教坛明星

广大学府领风尚，

附中育人学为王。

羊城教坛长相守，

南粤明星他最亮。

（广州市特级教师工作室主持人 广州大学附中正高级教师 王守亮）

中山无双

杏坛明星市无双，

宗师增儒好助讲。

肩挑大任报祖国，

春风化雨凤呈祥。

（中山市名教师 中山一中教务主任特级教师 陈国祥）

守望初心

汕尾名师数欧阳，

快乐学习好主张。

搭建平台深课研，

守住初心不彷徨。

（汕尾市名师工作室主持人 陆河中学教研主任 欧阳先平）

（五）抒情教育 一路有你

三尺讲台四十年，

终身从教结良缘。

诗画源泉在一线，

楚粤守望立杏坛。

考察交流常纵观，

感悟韵律驻行间。

有志者来工作室，

知行合一筑信念。

弘扬人性真美善，

传播先进教育观。

同仁共赋诗百篇，

与君分享逸致远。

六年多来，工作室成员从 9 人逐渐发展壮大为 56 人。没有工作报酬，不用行政命令，大家志同道合，凭着一腔教育热情，情真意切，执着追求专业成长，共同谱写了一篇篇动听的诗章。摘录部分成员点评，与读者分享。

陈少婉

羊城杏坛花枝香，

巾帼不把须眉让。

科研兴校领风尚，

优秀科组连上榜。

张　科

中国好人第一名，

教书育人倾真情。

奋进拼搏苦为乐，

科研路上励先行。

胡文龙

中学数学全贯通，

教书育人两头红。

分层作业撰妙文，
杏坛新秀飞蛟龙。

高伟民

为国为家为民，
立志教书育人。
碧海绿岛白云，
相伴一生追寻。

伍　勋

教学管理两面真，
教师市优黄埔情。
教育科研志为伍，
教坛实践建功勋。

陈石鑫

为人处事真实心，
教学艺术直线升。
以人为本爱学生，
披星戴月踏征程。

曹　东

三名培训达成功，
亦师亦友大志同。
教坛新星看今朝，
引领春风方向东。

唐秀农

处事稳沉好秉性，
思维敏捷属上乘。
天文地理博士称，

189

桃李无言生为本。

甘绮雯

教坛新秀甘绮雯，
春风化雨细无声。
师生鱼水一家亲，
诲人不倦铸心灵。

宋君平

以生为本化春风，
教学管理皆从容。
守望教育留心言，
黄山顶上屹劲松。

黄　亮

因材施教分层练，
主讲课例做示范。
精心打造工作坊，
立身教育走前沿。

杨　山

时代航船畅扬帆，
轻舟飞越万重山。
教学管理扛大任，
专业成长立教坛。

王继承

广州数学数十佳，
教学严谨好书法。
放眼未来世界大，
立德树人映光华。

曹小恩

性情直爽系本性，
办事高效雷风行。
教学管理十佳人，
后起之秀担重任。

谢春娥

杏坛巾帼不须眉，
数理同渡比翼飞。
珠江早春鹅先知，
黄埔一江东流水。

邓小荣

西岭双飞对龙凤，
数学同志鸳鸯红。
巾帼一览众山小，
教书育人写光荣。

魏　勇

巍峨山城拔尖萃，
涌思豪情凯歌飞。
严谨务实立教坛，
特殊贡献受无愧。

柯桂宏

百年育人不言中，
八月桂花赛青松。
黄埔沃土花枝茂，
放眼艳阳一片红。

彭向东

腔正性直南疆松，

教书育人皆从容。

人才辈出向未来，

滚滚长河永向东。

周凤颖

开口一笑人亲近，

数学硕士高水准。

敬业爱生合知行，

春风化雨润无声。

三、分层教学深课研

利用工作室平台，我带领工作室成员结合教育教学实际深入进行了教育课题研究。从 2013 年 3 月，以黄埔区教育课题"高中基础年级数学作业分层设计的实践研究"为基础，逐渐拓宽研究内容和范围，课题研究从高中基础年级推广到高中各年级，从高中年级推广到初中年级，课题逐渐升级为市级、省级。承担的广东省教育科研课题"高中数学作业分层设计应用与评价研究"也已于 2017 年 6 月顺利结题，成果斐然。形成课题实验论文 14 篇，其中 10 篇公开发表，数学分层作业的研究成果已经在 4 个学校推广，初见成效。

（一）分组教学 防止两极分化

随着素质教育的实施，培养全面发展的合格人才显得更为紧迫。中学教育是基础教育，中学阶段所学的知识也属于基础知识，因此，要求学生掌握中学阶段的内容显得极为重要。在我国现有的国情下，既要实施素质教育，同时又不能回避学生的升学问题，这是摆在广大教育工作者面前的一个尖锐的矛盾。在高中数学学习中，由于初中教材难度不

192

大，表述形象通俗研究对象是常量，侧重于计算和形象思维，学生易于接受，而高中教材内容的深度、广度和能力要求都有了较大的变化，许多内容难度大、方法新，对理解和分析的能力要求较高。从而两极分化的问题极为突出，特别是学生刚升入高中，对这些变化往往不能很快适应。要改变这种状况，因材施教显得极为必要。对学生进行分层教学，是使全体学生共同进步的一个有效措施，也是使因材施教落到实处的一种有效的方式。

分层教学，它是一种教学策略，也是一种教学模式，更是一种教学思想。它强调了"教师的教要适应学生的学，学生是有个性差异的，不能以牺牲一部分人的发展来换取另一部分人的发展，学生的个体差异是一份宝贵的可供开发的教育资源"。它的核心是面向全体学生，以学生为本，正视学生的个体差异，针对学生实际，实行分层推进，分步到位。

激发差生学习数学的兴趣，创设成功的机遇。师生情感交流是培养学生对数学感兴趣的基础。学生对数学学习的兴趣是数学情感素质的重要内容，兴趣是学习的内动力。所以，在教学活动中，激发学生积极的学习兴趣是提高课堂教学效率的重要手段。我利用数学学科的表象美、知识结构内在的逻辑美、数学语言的简洁美、思想方法的奇异美等，来激发差生学习数学的兴趣。例如，在教学集合时，为便于记忆，我把集合的包含规律编成口诀"越交越小，越并越大"；代数变形编成口诀"能化简先化简，可画图就画图"等。既形象又生动，同学们听得特别认真、亲切，使他们在轻松愉快的气氛中掌握了知识。通过长期的有意思的培养，学生逐渐实现了"要我学"走向了"我要学"的转化。

下面是我在分组教学中的一些做法。

第一，学生分组。根据班级学生的数学成绩、自主学习能力、智力情况等因素，结合学生自愿报名进行分层共分 A、B、C 三个层次。各层次内学生合理搭配，建立学习小组。

第二，目标分层。教学目标要分层次，教学目标要依纲扣本，结合学生的实际，针对不同学生的认知差异。我特制订适度而又有层次的教学目标，A层打基础，培养兴趣，规范行为习惯，狠抓养成教育。力争成绩接近合格。B层保证基础，培养兴趣，抓养成教育，形成良好的行为习惯，成绩力争合格。C层基础较好，挖掘潜能，考试成绩必须合格，而且要有所拔高。即每节课最好有上限和下限目标。下限目标则是让基础好的达到的最基本目标，是全体学生都要达到的；上限目标是完成教学任务的学生必须有充分发展的余地。

第三，分类备课。对学生进行分层后，教师在备课时便应根据学生的实际情况进行分层备课，在备课的过程中，对A、B、C层的同学分别提出不同的要求，这必须在集体备课时就体现出来。这样在实际的教学中才能做到有的放矢，不至于使分层教学流于形式。哪些内容是各个组必须掌握的，哪些内容是只作了解的，对不同小组在作业上有些什么不同的要求等，这些都必须在备课时要充分考虑。

第四，分层授课。把学生分层的目的，在于分类指导，因材施教。依照教学目标起步低层、面向中层、顾及高层，所遵循的原则如下。

（1）严格控制教学内容，凡大纲和教材删去的，坚决不教，练习册、复习资料不用，以保证学生集中不折不扣地学好课本和练习册中的习题。

（2）不增加难度。凡大纲规定理解的就不要求运用，要求运用到什么程度，就练到什么程度。

（3）不降低要求。凡大纲要求掌握的、运用的，一定当堂练习，当堂检测，决不满足于讲完例题，学生能够理解。凡是当堂教的数学定理、公式要当堂记忆。当堂运用知识，正确解答有关的习题，当堂考出好成绩。

第五，分层作业。为了使学生学有所获，例如，对各层学生上课后对作业的要求也是不同的。教学目标导向作用，教学目标不明确，讲课必定盲目，根本谈不上高效。只有目标明确，才能做到有的放矢，少走弯路，提高课堂效率。

第六，分别辅导。个别化辅导是课堂教学的延伸和补充，我们加强个别化辅导就是为了普遍提高后进生的全面素质，就是为了减轻教师的教学负担和学生的学习负担。在辅导中，由于后进生学习的依赖性较大，舍去以前的老师讲、学生听，只做消极的应答，学生的参与、主体意识得不到体现。因此先拿出练习题，过关题让他们做，能解决，则继续，否则，自己阅读教材，对照例题，提出想法，讲出来，再做题，我最后评判同时给予指导。这种方法既传授了知识，又教会学生自学的方法。当学生遇到困难时，给予帮助，降低问题的切入点，梯度小一点，速度慢一点。当学生做正确后及时给予充分的肯定和鼓励，让其有成功的喜悦，给其自信并鼓励自学。

班级学生的思想认识提高，端正了学习态度，学习兴趣有了很大提高，自动预约请教老师的同学多了，听课认真了，作业的正确率提高了，学习的积极性也提高了。

在实施过程中，我也发现存在一些问题。

有的学生平时很用功，作业还不错，课堂反映也较好，能够独立完成，投入与成绩不符，有什么办法能提高学习成绩呢？

知识点遗忘得过快，能用什么方法阻止其遗忘，或用什么方法使其遗忘慢一点？

"海阔凭鱼跃，天高任鸟飞"，分开层次，承认差距，拓宽更广阔的发展空间，为广大同学提供更好的机遇和更多的机会。基础的不同只能代表昨天，今天的奋斗更加重要。同学们只要正视自我，把握好机会，加上教师们的引导，相信不论哪个班级哪个层次，都会有显著的进步。

(二)分层施教 规范严谨

分层教学，是一种教学策略和模式。它强调了学生是有个性差异的，学生的个体差异是一份宝贵的可供开发的教育资源。教师的教要适应学生的学，不能以牺牲一部分人的发展来换取另一部分人的发展。它的核心是面向全体学生，以学生发展为本，落实立德树人根本任务，培养和提高学生的数学学科核心素养。正视学生的个体差异，针对学生实际，因材施教，实施分层推进策略，分步到位。

早在 1991 年，我就进行过数学课堂分组教学实验，减轻了学生的数学学业负担，提高了教学质量，收到了显著的教学效果，深受学生欢迎。分层教学法就是将班内学生按接受能力、智力水平和知识基础等划分为若干个组，分别提供与各组水平接近的教学方案，并加以分组辅导、个别指导，分别要求，分层评估、疏通信息反馈渠道，及时调整教学方案，有的放矢，共同进步。

2013 年以来，我利用特级教师工作室平台，带领一批中青年教师又进行了数学作业分层设计的实践研究，其成果在广州市第八十六中学、广州市第八十七中学、广州市石化中学和广州市第八十四中学进行了推广，效果良好。

课题组成员全部在本学校都承担有满额的学校工作，有关活动安排紧凑。研究活动虽然很多，但实在、接地气。分层教学和分层作业，减轻了学生数学学习负担，增强了学习兴趣，提高了学习效率，为学生的学习奠定了基础。

课题研究成果形成论文 14 篇，其中 10 篇已经公开发表。其中"高中数学作业分层设计的基本原则""高中数学作业分层设计的基本策略"等论文由自己撰写，并公开发表和交流。提炼出高中数学作业分层设计的一般原则：因材施教的原则、自主学习的原则、双向选择的原则、有效性的原则和发展性评价的原则。高中数学作业分层设计的具体策略：学生分组、目标分层、分层作业、分层辅导、分层测试、分层评估等。促进了工作室成员的专业成长和地区教育质量的提高。强调评价的重要地位，制订"高中数学分层作业评价表"，从学生完成、教师设计、教师实施三个不同的角度，对分层作业设计和实施效果进行反馈，利用评价的诊断功能，促使作业分层更具科学性和可操作性。

本课题研究解决了数学作业布置中存在的普遍性问题，尤其是通过设计的合理、有针对性的分层作业，通过更优化的课堂流程，更有效的分层评价，更大程度地调动学生学习的积极性，充分挖掘学生的潜力，让学生得到更好的发展。课题组研究成员提炼出高中数学作业分层设计的一般原则和具体策略，以及高中数学分层作业的讲评模式，分层作业的评价策略进一步完善了前人分层作业的相关研究，并且编写出丰富的高中数学作业分层设计样本，能够对教师的教学有直接的帮助，并且可以供不同地区、不同学校、不同学科的老师在各自的教学研究中借鉴，具有广泛的应用前景。

（三）因材施教 优化素质教育主渠道

课堂教学是学生学习知识、提高能力的主要形式，也是优化素质教育主要采取"一刀切"的教学方法，不能适合知识基础和接受能力有所差异的学生。势必是多数学生感到教材内容过难或过易。基础知识牢固和思维敏捷的学生感到学不起劲，"吃不饱"，激不起学习兴趣，压抑思维发展；基础差、知识薄弱的学生，又会感到学习非常吃力，"吃不了"，逐渐失去学习的信心。这样一来，大多数学生都处于被动地位，发挥不了学习的主动性和积极性。所以，呆板划一的课堂教学是产生落后生的摇篮，也是扼杀天才的桎梏。怎样才能面向不同层次、不同特征的学生，不使一个学生掉队呢？根据学生的个性特征，采用分层教学方式，改进课堂教学过程，因材施教，可以尽可能面向不同层次、特征的学生。

根据多年的教学实践，结合学生实际，我总结施行了"分层教学法"。经过一年多的实施，深受学生欢迎。学生学习兴趣明显提高，优生率、及格率大幅上升。试验前后相隔一个学期，学生思想压力小了，作业负担轻了，学习兴趣浓了。

分层教学法，就是将班内学生按接受能力、智力水平和知识基础等划分为若干个组，分别提供与各组水平接近的教学方案，并加以分组辅导、个别指导、分别要求，疏通信息反馈渠道，及时调整教学方案，有的放矢，因材施教。具体做法如下。

　　第一，学生分组，分别要求。一般可将学生分为优、良、中、差四个组，称为甲组、乙组、丙组、丁组。甲组、丁组人数可以少些。教师准备以中等生为准的教案，然后对不同层次的学生提出明确的不同要求。对甲组在课堂上增设加深思考题，课后增加拔高训练题。对于丁组，少数问题不做要求，留在以后逐步消化。

　　以不等式的解法为体例说明，解下列不等式：

(1)$(x-2)(x+5)<0$；

(2)$x^2-3x-4<0$；

(3)$x^2-x+1>0$；

(4)$x^2-2x+3<0$；

(5)$x^2>16$；

(6)$\dfrac{x+2}{x-7}<0$；

(7)$(x-a)(x+2)<0$。

　　课堂上主要解决问题(1)至(4)，问题(5)由甲组学生回答。教师根据学生回答情况评讲，再讲问题(6)。问题(7)作为课后思考题。课题上丁组学生可以对问题(6)保留疑问。教师在对丙组、丁组辅导的时候解决问题(6)(7)。教师布置作业时，甲组学生增加1~2道有分量的习题。

　　第二，加强辅导，分类评估。对于甲组学生，除加大作业量、增加难度，保证"吃饱"外，还要通过组织数学课外小组、数学竞赛等形式扩大知识面，提高数学水平。对于差生，每周增加两次辅导课，每次半个小时，主要解决课题遗留问题，丙加强基础训练。在课余辅导中，注意个别答疑和指导。辅导学生的另一个方面是学法指导，扫清学习中的障碍，使他们保持愉快的学习情绪，帮助后进生树立学习信心，调动学习的主观能动性。

　　在单元测试时，教师要使用同一份试卷，采用不同的标准对各组学生成绩进行评估。对甲组增加12分选做题，对丁组删去12分的难题。对各组学生的成绩均记负分数(即失分数)，使各组学生都能认识自己，哪怕是微小的进步，也会让学生逐渐提高学习兴趣与信心。通过期中、期末考试，视学生的长进，根据个人要求，可以调入其他组，鼓励学生不断上进。

第三，及时调整教学。教师要定期分组召开座谈会，填写教学意见表，结合作业、考试情况及时改进教学方法，调整教学方案。学生也要根据自己的情况，提高学习目标。

分层教学法中，分组是了解教育对象的前提，分别要求是分层教学的核心，分别辅导是提高教学质量的保证，而分类评估则是不断激励、刺激大脑的兴奋剂。分层教学法针对性强，切实贯彻了因材施教的教学原则，是优化素质教育的主要渠道，是提高教学质量行之有效的教学方法。

在教学实践过程中，教师只要大胆进行教改尝试，不断总结经验教训，改进教学方法，辛勤的劳动一定会结出丰硕的果实。

(四)高中数学作业分层应用与评价的基本原则

当前，普通高中不同层次的学校、起点不同的班级、基础差异较大的学生，大家不但都使用同样的教材，而且还做着相同内容和难度的数学作业。可想而知，数学作业的针对性和有效性根本得不到保证，更谈不上学生的个性的充分发展。多年来，数学教学是"老师辛勤地教，学生勤奋地学"的双勤局面和"老师教得辛苦，学生学得痛苦"的双苦局面并存，数学尖子生不尖、差生仍然差的现象是一种常态。一般情况下，教师比较注重课内的教学分层，并愿意花精力进行深入研究，却轻视课后作业的分层设计研究，或者有的教师意识到作业分层的同时，却缺乏分层设计的一般方法，不能对作业进行有效分层设计，致使作业分层设计停留在表面上，流于形式。

建构主义学者认为，数学作业就是对学生知识的建构和再建构。学生学习的过程是其主动建构知识网络的过程，在独立完成数学作业的过程中，学生必须要不断地反思、回顾和总结，让头脑中已存在的知识与需要解决的问题发生思维碰撞，从而找到解决问题的办法。

我们课题组通过对高中基础年级数学作业的分层设计的实践研究，进行了不同课例探讨，解决我校乃至全地区高中学校数学作业布置中存在的普遍性问题（作业内容的同一化、作业形式的单一化、作业思维的教条化），设置多重选做题，丰富内容的层次，兼顾不同层次学生的学业发展，效果显著。课题组提炼出高中数学作业分层设计的一般原则，引领本校师生数学学习能力的提高，同时辐射了周边兄弟学校，特别是带动本地区内高中学校注重数学作业的分层设计的应用，促进了数学教育的发展。

在高中数学作业分层设计和评价的实践中，我们提炼归纳出因材施教的原则、双向选择的原则、自主学习的原则、有效性的原则和发展性评价的原则等。

1. 因材施教的原则

发展性教学理论也认为"差异是一种资源"。而承认差异、尊重差异能切实体现因材施教的原则。学生存在着个体差异，面向全体学生就不能无视这种差异，让不同学生做有区别的数学作业，应因人定标、因材施教，使每名学生的数学能力都能得到充分提高。

分层作业体现了因材施教的原则。分层作业尊重学生的个性差异，对不同能力层次的学生布置不同难度的作业，不仅能激发学习能力较差的学生的学习积极性，而且也为学有余力的学生提供了展示潜能的机会。学生的数学作业得到有效落实，数学学习逐渐有所进步。

2. 双向选择的原则

双向选择体现在学生分组和对作业任务要求上。在学生分组的过程中采取双向选择，教师根据学生基础和平时学习成绩等给出分组建议，学生根据自己的实际情况和意愿，进行调整，确定阶段所在小组。在学习过程中，A组、B组的同学，也可以尝试B组或C组的作业。试行一段时间，学生也可以请求再调整小组。对学生数学作业的任务要求可以给学生留下选择的余地，下有保底，上不封顶。在完成本层次的数学作业的基础上，教师鼓励学生尝试做高层次的数学作业，鼓励学生努力逐步进入更高的学习层次。学生分组前，需要做好学生和家长的思想工作，得到他们的配合与支持。教师有必要给学生解释清楚，分组的目的不是为分等排队，而是为了尊重个性差异，因材施教。如果学生或家长要求调换组别，可以满足他们的选择要求。在数学作业的题量上，教师应允许学生自主多做题。

简而言之，在作业的设计及布置上，教师以学生为主体，承认学生的个体差异，有效地实施分层作业，尊重学生的个性和意愿，调控作业难度，注重知识层次，由浅入深、由易到难，满足多样化的学习需要，使学生拾级而上，逐步提高。

3. 自主学习的原则

数学作业分层设计充分考虑了学生的需求、完成能力、情感等因素，在作业的难易度、完成时间和数量等方面，给了学生更多的自主空间。学生作业量有所减少，学业负担减轻了，而且作业质量得到保证，事半功倍。而且学生对作业的态度有了一定的改观：会主动询问当天作业内容，抄袭、乱做的现象得到有效遏制。分层作业充分体现了学生学习的自主性，提高了学生学习的参与度，有利于全体学生的全面发展。分层作业能充分体现学生是学习的主体，分层作业能让学生积极发挥主观能动性去探索，体现出作业的层次性、趣味性、实践性和创造性。

数学教师一定要严格控制作业数量，精选习题。教师在作业的选择上要做到涵盖的知识面广、题型全面、重点突出，具有一定的代表性。同时，还要将课堂练习、课外作业、阶段练习以及单元练习安排成一个循序渐进的过程，一步步地提高学生的解题能力。此外，教师还应要求学生必须独立完成作业，并且准时上交。

4. 有效性的原则

数学作业的目的是进行知识的巩固和反思，因此不能格式化，要讲究有效、有益。分层作业既要确立教师的主导作用，保证数学作业合理、科学、系统，更要体现学生在作业中的自主性，使作业个性化，有针对性。教师主导，学生主体，作业自主，分层有保，落实有效。数学作业的设计应该结合学生的实际选择适宜的难度，根据学生思维发展的程度编写相应的训练题型，从学生所学知识的差异、形成能力的差异上有目的地设计问题，提高数学作业的有效性。

在对学生分层作业的评价上，教师应采取分层评价的方法，各组使用有区别的评价标准，使每个组的成员都能看到自己的进步，体验成功的快乐，使分层作业更有效。教师以分层测试成绩作为分层评价的基本依据，把学生每次分层测试成绩多做纵向比较，考察各层次学生在本层次的达标及递进程度，还可以按本层必做题的失分数进行评价，以区分不同层次学生的进步幅度。教师要对各层次达标学生进行表扬，让有进步的学生及时递进到更高层次，鼓励低层次学生向高层次努力。

5. 发展性评价的原则

评价的目的是促进学生的发展，培养他们的学习兴趣和提高他们的学习能力。在对学生作业的评价上，教师要采取分层评价的方法，各组使用有区别的评价标准，使每个组的成员都能看到自己的进步，体验成功的快乐，使分层作业更有效。学生以分层测试成绩作为分层评价基本依据，把学生每次分层测试成绩多做纵向比较，考察各层次学生在本层次的达标及递进程度。学生分层，同层成组，分组学习可以在有限的时间内，让每个学生都主动参与学习，让学生在自主学习中树立信心，养成良好的习惯，形成有效的学习策略。小组学习最大的优点在于，培养了学生们的合作精神，使他们学会了与他人合作，具备了合作解决问题的能力。合作是人类相互作用的基本形式，人的发展中没有一种发展是与别人无关的。从小培养学生与人合作的能力是教师义不容辞的职责。任何一位组内成员在分组之后都有责任掌握教学内容，只有每位成员的积极性都调动起来，学生之间才能互相帮助，互相合作，共同进步。

图 4.3　数学作业分层应用与评价

数学作业分层应用与评价的基本原则相辅相成，因材施教是分层作业的理论核心，双向选择是分组的基本依据，自主学习是作业分层的基础，有效性是作业分层的保证，发展性评价是作业分层的手段，最终达到促进学生进步的目的。分层作业，分步到位；个个参与，人人发展。

(五)高中数学作业分层设计的基本策略

建构主义学者认为，做数学作业就是对学生知识的建构和再建构。学生学习的过程是其主动建构知识网络的过程，在独立完成数学作业的过程中，学生必须要不断地反思、回顾、总结，让头脑中已存在的知识与需要解决的问题发生思维碰撞，从而找到解决问题的办法。学生如果找不到解决问题的方法，那么学生会反思和重建知识背景，探究解决途径，直到问题解决为止。

我们课题组通过对高中基础年级数学作业的分层设计的实践研究，进行了不同课例探讨，解决我校乃至全地区高中学校数学作业布置中存在的普遍性问题(作业内容的同一化、作业形式的单一化、作业思维的教条化)，设置多重选做题，丰富内容的层次，兼顾不同层次学生的学业发展。根据高中数学作业分层设计的一般原则，提炼归纳出学生分组、目标分层、分层作业、分类辅导、分层测试、分别评估等实施的基本策略。带动本地区内高中学校注重数学作业的分层设计的应用，促进了数学教育的发展。以便达到夯实基础、逐步到位，步步为营、人人发展的目的。

1. 学生分组

对学生"智力因素、非智力因素、原有知识和能力差异"进行分析，根据学生的学习可能性水平将全班学生分成下、中、上，即 A、B、C 三个层次，比例大约为 1∶2∶1。

学生分层可以根据实际情况采取显性分层或隐性分层，显性分层是由学生自主选择、师生协商、动态分层；隐性分层则只由教师掌握，作为划分合作学习小组、课堂实施针对性分层教学的依据，学生分组可以在采取双向选择的基础上，根据学生的进步情况调整小组，鼓励学生积极进取。

2. 目标分层

教学目标分层的目的在于针对学生掌握知识的不同情况来设置各个层次的学生在教学活动中所要达到不同的学习目标，从而有针对性地教给学生不同水平层次的知识，以便和学生原有的知识结构相适应。课程与每章节的教学目标分层时应做到"下要保底、上不封顶"，目标分层既能达到基本要求一致的目的，又能鼓励个体发展，每个学生都能在原有的基础上稳步前进，分步到位。中层学生要能进行比较复杂的分析和应用；高层学生要具有自学、探索、分析综合问题的能力，能进行创造性学习和实践。每个学生对自己的基础和方向要做到心中有数、有信心，拟定自己的计划和目标，并认真完成。

3. 分层作业

把学生分组之后，作业要求也分成三个层次，递进设计。

A 层(基本练习)：重在基础知识和基本技能的操练，如简单的计算、基本画图、熟记公式、定理等巩固练习。一般选自课本上大部分练习题和 A 组题，主要适合于 A 组学生。A 组学生可以选做 B 层作业。

B 层(综合练习)：重在对知识的理解和运用，每题可以是两个以上的知识点和数学方法的训练。B 组学生需完成 A 层和 B 层作业题，也可以选做 C 层题目。

C 层(开放性练习)：题型灵活多样，偏重于理解、想象、运用，拓展性练习，一般适合于 C 组学生。C 组学生在完成 A、B 层作业的基础上，再完成 C 层作业。

高中数学作业的分层设计，一般可分成必做题和选做题。必做题
（1～5题）全体学生都做；选做题（6～8题），B组学生必做第6、7题，
C组学生全做。学生完成各层次相应练习和作业后选做高一层次的练
习、作业。分层数学作业设计可解决以往统一习题、作业时高层学生
"吃不饱"，中层学生"吃不好"，低层学生"吃不了"的问题。

4. 分层辅导

平时利用第二课堂对学生进行分类辅导。教师对A层学生辅导主
要是调动非智力因素，培养师生和谐感情，激发学习兴趣，指导学习方
法，面批学习作业，个别辅导重点突出，选题简单、基础；教师对B层
学生增加综合性习题，鼓励拔尖；教师对C层学生进行数学竞赛辅导，
主要是培养创造性思维和灵活应变能力。

对学生分层进行学法指导。在初中阶段，学生学习数学知识较浅，
方法技巧涉及不多，许多知识都偏重于理解，所以学习起来难度较小。
然而到了高中阶段，科目越来越多，内容也越来越广，数学思想方法和
思维方式都有较大改变。加之，初高中数学知识衔接存在一定的问题，
学生一时间产生了无所适从的感觉。这就需要我们数学教师对高中新生
进行学法指导。那么，如何对学生进行学法指导呢？首先教师要根据不
同学生的学习情况制订相应的、适当的学习计划，并根据学生不同层次
和实际情况，分类进行学法指导。教师在教学中逐渐弥补有关初高中知
识衔接问题，如因式分解、配方法和二次函数等，使学生在学习上循序
渐进，树立学习的信心，激发学习的兴趣。

5. 分层测试

阶段性测试具有比较全面、及时反馈各层次学生阶段学习效果和激
励的作用，把握试卷的密度、难度，按层次编制测试题，大部分为基础
题，少部分为变式题和综合题。题目设计可以采用递进式。

6. 分层评估

对学生进行分层评估，以其在原有知识水平上的进步和提高的幅度

作为评价学生完成教学目标的一个基准。教师在教学过程中针对不同层次的提问、练习、作业等及时做出有效的、鼓励性的评价，以分层测试成绩作为分层评价基本依据，把学生每次分层测试成绩多做纵向比较，考察各层次学生在本层次的达标及递进程度。教师还可以按本层必做题的失分数进行评价，以区分不同层次学生的进步幅度。

教师分层布置作业采用全批全改的形式，作业的评价要结合作业的难度和学生的实际水平来定。基础较弱的学生只要能做好 A 档题，我也会给他打满分，写个"好"字；我对中档学生的要求要提高一个档次，有个别学生如果我认为他可以完成 C 档题，我会在他作业本上写到："我认为你可以试试 C 档题，相信你能做出来！"即使他只做了一半，我也会对他给予肯定，并指出不足之处；对基础好的学生要更加"苛刻"，如果他们基础题出错，我会狠批他们；如果他们的方法不好，我会让他们"再想想，一定有更好的方法！"只有当他们的作业真的达到我的要求，才会给他们满分，对这类学生要提出更高的要求，以防止他们过分骄傲。

学生分组、目标分层是准备前提，分层作业、分类辅导是关注过程，分别评价是激励发展的目的。

本课题组对高中基础年级数学作业的分层设计的实践研究取得了一定的进展，我们将把数学作业的分层设计的实践成果在高三年级和其他学校推广实施，并进一步对数学作业的分层设计的评价进行研究。

后记

HOUJI

  遴选为广州市"好教师"之列，我感觉受之有愧，我会继续努力的。静下心来，回顾一下近 60 年的成长历程和 40 年的教育守望，抒发一下自己的教育情怀，还是很有意义的。一路走来，沐浴恩泽，有那么多的人在培养教育、关心爱护、支持帮助我。我满怀感恩、感激和感谢！

  感谢广州市教育局和黄埔区教育局的领导，你们高瞻远瞩，深谋远虑，使广州市的基础教育走在教育创新的前列。"好教师"是你们呵护关怀出来的。

  感谢广东第二师范学院和广州大学的领导和老师们，你们精心策划，指点江山，"好教师"逐渐成形。特别感谢广东第二师范学院的吴惟粤主任和陈静安教授等，你们热情鼓励，耐心帮助，悉心指导，三稿定案，你们的心血没有白费。

  感谢北京师范大学出版社的领导和编辑，你们认真审阅，细心编辑，为拙著的出版付出了辛勤的劳动。

  感谢华南师范大学基础教育培训与研究院的领导和教师们，几年来，你们精心设计和培养，促进教师专业成长，助推广州教育发展。特别感谢吴颖民院长、黄牧航副院长和宋春燕博士等，你们的指导和培训，使我的工作室教育活动有声有色。

  感谢华中师范大学和陕西师范大学的领导和教师们，你们的教育专业理论和实践方法等，使我受益终身。

  感谢广州市第八十六中学的领导和朝夕相处的同事，你们的包容和支持使我在南粤教坛的十六年充实且愉快。

感谢我工作过的湖北省原襄阳区第一中学、原襄阳县师范学校、原襄阳县新街中学和新街小学的领导和同事，那段流金岁月，你们的帮助和支持，我终身铭记。

感谢久违的我的小学、中学和大学的教师们，时光流逝，师恩难忘，你们的榜样引领我守望教坛，你们是"好教师"的原型。

感谢父母给了我生命并含辛茹苦抚育我成人，感谢亲朋好友和昔日同窗的持久关注和大力支持。

感谢贾国富特级教师工作室的同人，亦师亦友，志同道合，你们在教坛上留下串串坚实的脚印。

感谢广州市教育研究院、黄埔区教研室、黄埔区科研办和黄埔区教师进修学校的领导和专家的指导和支持。

感谢书中提及的协作学校和教师工作室对我工作室教师专业研修、教育课题研究的鼎力相助。

感谢我的历届学生和学员，是你们陪伴我度过近 40 年的教育生涯，你们发出的光照亮我的教育之路。

感谢读者耐心阅读，你们的意见我会虚心接受！

赋拙诗一首，献给所有热爱教育、关心教育的人，献给支持和帮助我的人，献给耐心倾听我的忠实读者。

南粤教缘

地北天南，

登高望远。

绿水青山，

碧海蓝空四季暖。

域广州宽，

海纳百川。

南粤教缘，

同仁携手诗百篇。

盛世华诞，

群星璀璨。

百花满园，

羊城教育迎春天。

贾国富

2018 年 12 月于广州天河盈彩美居

附 录

FULU

个人荣誉

序号	所受奖励名称	奖励颁发单位	获奖时间
1	全国模范教师	国家人力资源和社会保障部，教育部	2014 年 9 月
2	南粤优秀教师	广东省教育厅 总工会	2012 年 9 月
3	特级教师	湖北省人民政府	2001 年 10 月
4	广州市优秀教师	广州市教育局	2005 年 9 月
5	国家级中小学骨干教师	国家教育部 陕西师大	2002 年 10 月
6	广州市特级教师工作室主持人	广州市教育局	2013 年 1 月
7	广州市名教师工作室主持人	广州市教育局	2018 年 6 月
8	广州市"好教师"	广州市教育局	2015 年 10 月
9	湖北省优秀教师	湖北省人事厅 湖北省教育厅	1994 年 9 月
10	湖北省优秀数学教师	湖北省教研室	2001 年 9 月
11	襄樊市教育科学研究先进工作者	襄樊市教育局	1999 年 12 月
12	襄樊市"学科带头人"	襄樊市教育局	2001 年 12 月
13	襄樊市"拔尖人才"	襄樊市人事局	1997 年 12 月
14	广州市学习型家庭	广州市妇女联合会	2007 年 3 月
15	广州市书香家庭	广州市妇女联合会	2009 年 8 月
16	全国数学竞赛市优秀辅导员	襄樊市教研室 中学数学学会	1990, 1992, 1996, 1998, 1999, 2000, 2001 年

序号	所受奖励名称	奖励颁发单位	获奖时间
17	广州市数学优秀辅导员	广州市教研室 中学数学学会	2004，2008， 2011 年
18	襄樊市优质课一等奖	襄樊市教研室	1992 年 12 月 1999 年 12 月
19	论文《分组教学 防止两极分化》 市一等奖	襄樊市教研室 中学数学学会	1994 年 10 月
20	论文《斜线在平面上的射影 直线与 平面所成的角》市一等奖	襄樊市教研室 中学数学学会	1997 年 6 月
21	论文《因材施教 优化素质教育 主渠道》市一等奖	襄樊市教研室 中学数学学会	1999 年 12 月
22	优秀共产党员	湖北襄阳第一中学 广州市第八十六中学	1996，1999，2001， 2008，2010，2017
23	论文《有心二次曲线中点弦性质及 其应用》市一等奖	襄樊市教研室 中学数学学会	2001 年 1 月
24	优秀班主任	湖北襄阳第一中学 广州市第八十六中学	1993，1996，1999， 2000，2003，2005， 2004，2006
25	论文《节外生枝 大有文章》 市一等奖	广州市教研室	2005 年 6 月
26	论文《善诱课内节外生枝 即兴评价 促进发展》市一等奖	广州市教育局	2005 年 12 月
27	黄埔区高层次人才	黄埔区人事局	2017 年 1 月